红色记忆® 26

抗联战士血战天梯

海南省文化交流促进会　编

南海出版公司
2013·海口

图书在版编目（CIP）数据

红色记忆·第1辑·26 / 海南省文化交流促进会编.
—海口：南海出版公司，2013.9（2025.1重印）
ISBN 978-7-5442-6828-8

Ⅰ.①红… Ⅱ.①海… Ⅲ.①革命传统教育—中国—青年读物②革命传统教育—中国—少年读物 Ⅳ.①D642-49

中国版本图书馆CIP数据核字（2013）第218890号

HONGSE JIYI·DI 1 JI·26

红色记忆·第1辑·26

作　　者　海南省文化交流促进会
总 策 划　刘　栋
顾　　问　贾延岩
执行总编　任在齐　张　桐　张爱国
责任编辑　聂　敏
封面设计　郑广明
排版印务　魏灵玲
发行总监　杨成春
出版发行　南海出版公司　电话：（0898）66568508　66568511
社　　址　海南省海口市海秀中路51号星华大厦五楼　邮编：570206
电子信箱　nhpublishing@163.com
经　　销　新华书店
印　　刷　天津睿意佳彩印刷有限公司
开　　本　787毫米×1092毫米　1/16
印　　张　6.25
字　　数　100千字
版　　次　2013年9月第1版　2025年1月第2次印刷
书　　号　ISBN 978-7-5442-6828-8
定　　价　39.80元

序

对历史无知的人，没有真正的信仰可言；没有信仰的人，不可能拥有美好的理想，不可能胸怀崇高的情感，也就不可能担负起任何责任。用欲望文化代替历史教育，足以使一个国家的青年被腐蚀、使一个民族的希望被毁掉，使这个国家和民族被永世万代地奴役！

鉴于此，我们呼唤历史，唤回那段属于二十世纪的“红色”历史，唤回那段炮火硝烟、颠沛流离的历史，唤回那冲天的狼烟留下的悲壮回忆、岁月年轮沉淀的斑驳痕迹。历史不应该被忽略，更不应该被遗忘，牢记那段革命战争年代的红色历史更是责任。为了那些不应该被忘却的记忆，为了那些不应该被丢弃的信念，于是就有了这套《红色记忆》丛书。

曾记否，当草鞋与意志丈量出来的两万五千里穿越一个伟大民族五千年的荣辱兴衰，革命的火种被一路播撒、一路点燃。人迹罕至的雪山、荒无人烟的草地被鲜血浸透，衬映出一段光辉的里程；万水千山早已被远远地抛在身后，一轮红日在黄土高原磅礴而起。满目疮痍的河山在 1936 年 10 月温暖如春……

曾记否，当生命和鲜血浸染的十几年光阴将一种记忆铭刻进一个伟大民族的历史画卷，革命的火焰从星火到燎原。这栏杆拍遍、易水悲歌般的呼号，这折戟沉沙、慷慨赴义的悲壮，这铁马冰河、枕戈待旦的苦战，这红旗漫卷、所向披靡的豪迈……腔腔热血、铮铮铁骨早已被熔铸成一座不朽的丰碑，中华民族从苦难中百死后生的壮丽诗史凝结成了五星闪耀的红色记忆。

曾记否，中华人民共和国成立以来，又有无数英烈接过前辈用鲜血染红的旗帜，或壮怀激烈戍边卫国，或忠于职守鞠躬尽瘁，或绝甘分少奉献大爱，甘做国家强盛、人民富裕的铺路石，成为和平年代民族复兴的荣光，把人民心中的红色记忆浸染得分外鲜艳，永不褪色。

这红色记忆，是信念不衰、志向不改的崇高气节；这红色记忆，是无私无我、生属苍生的博大胸怀；这红色记忆，是敢为人先、披荆斩棘的拓荒精神；这红色记忆，是中华民族最宝贵的精神财富。它告诫我们，人事有代谢，传承无绝期。缅怀先烈精神，继承先烈遗志，是社会的道德和民族的良心，是后来者须臾不可忘怀的本分。

老一代人把历史的真实交付给我们，我们有责任用真实还原历史，传承给下一代，把那段岁月与现在年轻人的生活连接到一起，使他们眼中的历史变得立体、真实、可靠，让历史成为他们前进的动力。本丛书将那些流动的、随时会飘散在时间天际的事件凝固下来，希望透过这些文字、图片，感受到英雄们那坚定的革命信念，感受到那个年代澎湃的革命激情，真切体会那段“红色历史”。

忘记历史，就意味着背叛。让我们重温历史，缅怀先烈，从中汲取力量，毅然前行。

刘栋

目录

CONTENT

目录

CONTENT

刘亚楼智取天津

文/白天任

刘亚楼

刘亚楼与陈长捷是福建同乡，一个为闽西武平人，另一个为闽东闽侯人。然而道不同不相为谋。1948 年 12 月到 1949 年 1 月，当天津上空战云密布时，两大营垒的对决没有让这对老乡涕泪相见，而是让他们走上大规模城市攻防战的厮杀擂台。

刘亚楼，东北野战军参谋长、天津前线指挥部总指挥。陈长捷，国民党天津城防警备司令部中将司令。1949 年 1 月 10 日，在东北野战军完成了攻击天津部署之时，决意坚守天津的陈长捷也完成了该城的所谓“大碉堡”化。一方面，他清除了外围阵地前一千米以内的树木和房屋，使天津城外出现无任何遮挡物的无人区和开阔地带，又布下四万颗地雷，并在市内各主要马路中心、胡同巷口修筑起三百八十座巨大碉堡，在一些高大建筑物上修建起强火力据点；另一方面，他又根据天津永定河、大清河、子牙河、白河和运河等九条河的下梢、水系居多的特点，挖了一条宽十米，深 4.5 米，全长四十五公里的护城河，河内侧筑有土墙，墙高五米，上设电网，每隔二十米三十米就有一座碉堡。为防止河水冻结，他还派人每天在河面上打冰以避免河面被冻结。陈长捷扬言：“天津的城防固若金汤，守半年绝无问题。”

刘亚楼

自“毛遂自荐”担任解放军天津前线司令员后，刘亚楼经过实地勘察研究认为，攻取天津必须解决两大障碍：一是堡垒，二是护城河。对于堡垒，他主张集中优势兵力、运用分割战术，分片打乱敌部署后，实施“硬骨头后啃”。对于护城河难题，尽管他多次冒着砭骨的寒风在野外察看水流的来源和走向，却始终找不到彻底解决的良策。

一天，刘亚楼在要求各纵队的师长分头察看地形的同时，自己也带着一纵二师师长贺东生驱车数十里，来到津南的独流镇向当地群众做深入寻访。功夫不负有心人，在这里，他从一位放羊的老汉口中得知，马厂附近有一道碱河水闸，由于国民党军去年关死了该水闸，使得碱河水经南运河而流入了护城河，再由护城河流入海河东泄入海。这一发现让刘亚楼有种“踏破铁鞋无觅处，得来全不费工夫”的惊喜。他兴奋地对贺东生说：“你马上派部队打开碱河水闸，让南运河水流顺势折返，进而降低护城河的水位。”

由于来水被切断，天津护城河河面一夜之间便结了厚厚的一层冰，护城河顿时成了摆设，陈长捷苦心经营的一道屏障就这样轻易失去了作用。刘亚楼风趣地说：“陈长官曾扬言护城河可抵数万精兵，现在它还不如一道堑壕，就让这位长我十四岁的同乡望河兴叹吧！”

解放天津

总攻发起前，在刘亚楼的动员下，广大指战员献计献策，有的部队土法上阵，自制出了适用于强渡护城河冰面的苇笆桥、木板桥和云梯等简易实用的渡河用具。刘亚楼又组织战前现场架设示范，让各部队学习推广。这样，陈长捷打出的“城防护城河牌”在我强大的人民军队面前已是不足为虑的一张“死牌”了。

1949 年 1 月 14 日 10 时整，随着三颗信号弹腾空升起，天津城总攻开始。在炮兵、装甲兵、工兵等多兵种密切协同下，我军各部队从东西两个主攻方向及南北各助攻、佯攻方向，共十一个突破口同时展开攻击。在护城河一线，随着一道道苇笆桥的铺设，我攻击部队迅速越过护城河障碍，随之突破了敌军第一道防线。经过后续的直插猛进和逐点攻克，二十九个小时过后，天津城守敌十三万人全部被歼，无一漏网，陈长捷也被生擒活捉。

（本文选自《解放军报》）

解放军攻克敌天津警备司令部

我随毛主席转战陕北

口述/任玉洪　整理/许　莺　唐书洋

任玉洪

1947年3月，国民党蒋介石集中三十四个旅二十五万人，向我党中央所在地延安大举进攻，妄图一举摧毁我中央机关和人民解放军总部。党中央、毛主席审时度势，决定暂时撤离延安。我当时任中央机关医务室主任兼首长保健医生，跟随毛主席，最后一批离开延安，亲身感受了毛主席从容不迫的大将风度。

3月17日下午，最后一批机关工作人员已基本撤离，最后一批老乡也相继疏散，而毛主席却没有离开他住的窑洞。彭德怀和习仲勋赶来催促毛主席动身，警卫人员也恳请主席赶紧走。毛主席却镇定自若地笑笑说："大路朝天，各走一边，他走他的，我走我的。他上那个山头，我上这个山头。来得及，怕什么！"说完他仍伏案办公。王震司令员闻讯后也前来催毛主席早点走。黄昏时分，敌人的先头部队已接近七里铺，手榴弹的爆炸声听得清清楚楚。毛主席这才步出窑洞，望了一眼暮色中的延安古城，挥手对大家说："同志们，出发吧！"

转战陕北期间，为确保党中央的安全，将中央机关分为中央前委、中央工委和中央后委。毛主席、周恩来和任弼时率中央前委留在陕北，代表中央进行

黎东汉

工作。在转战途中，不管白天黑夜还是风里雨里，每次行军，毛主席、周恩来、任弼时等中央领导都和大家在一起，与同志们同甘共苦。每到一处驻地，毛主席就投入紧张的工作之中，不是阅读战报、签发电文，就是和周恩来、任弼时一起讨论问题。艰苦的行军、繁重的工作使毛主席消瘦了许多。我劝他要注意休息，增加些营养，主席诙谐地说："瘦些好，身体比以前更结实了，这还要感谢胡宗南呢！"

在转战陕北期间，作为中央和军委直属支队司令员的任弼时身体非常虚弱，整天辛苦工作。他不仅要协助毛主席指挥全国的解放战争，还要负责毛主席和中央机关的安全，同时还要直接指挥直属部队的行军作战，做好部队的思想工作。毛主席非常担心他的身体，每次行军休息的时候就让我去看看他，但往往又被任弼时谢绝，并对我说："你的责任主要是照顾好毛主席，他身上的担子比我们都重得多，快回去，快回去！"首长之间互相关心、亲如手足的情谊溢于言表，常使我深受感动。

记得有一次，时任支队大队长的黎东汉突患急性肠炎，上吐下泻，高烧不退，一度出现休克，病情十分危险。毛主席知道后，立即派人搞来一瓶生理盐水。

我给黎东汉输液时他又出现了不良反应。毛主席问我："就没有别的药了吗？"我吞吞吐吐地回答，还有一种磺胺药片。主席问："为什么不用呢？"主席大概猜出了我的心事，对我说："我的身体很好，不需要药，当务之急是抢救黎东汉同志。黎东汉同志担负的工作很重要！"听了主席的话，我立刻把这种当时很珍贵的药品给黎东汉同志服用，病情很快得到控制。毛主席关心部属的情景令我至今难以忘怀。

1948年5月，毛主席、周恩来、任弼时率中共中央和解放军总部抵达河北省平山县西柏坡，我也随中央机关到达了西柏坡，结束了一年多艰苦地转战陕北的难忘岁月。

（本文选自中国军网）

延安杨家岭毛泽东旧居

赤子之心与日月同辉

——记琼侨抗日烈士陈琴

文/周　卉

琼侨回乡服务团副总团长陈琴

1940年8月，一位忠心报国，奔波在抗日救亡第一线的琼侨青年，倒在日军的枪口下，献出了宝贵的生命。他就是琼侨回乡服务总团副团长陈琴。今天，他离开我们已经五十五年了，然而，党没有忘记他，琼崖人民没有忘记他。

陈琴，海南文昌人，因生活所逼，1928年流落漂泊到新加坡谋生。饱受帝国主义、殖民主义和种族主义压迫而痛苦的他，具有强烈的民族感、爱国心以及反帝反封建的革命思想。1930年2月，他在新加坡加入了马来亚共产党，不久，便担任星洲洋务党总支书记。他积极发动和组织洋务工人参加工会，努力向工人群众宣传马列主义和灌输共产主义思想，领导他们与帝国主义和资本家进行政治上、经济上的斗争。由于陈琴善于工作和他卓越的才华，因而在工人群众中享有很高的威望，成为洋务工人运动中领袖人物之一。

南洋商報晚版
THE NANYANG SIANG PAU · EVENING EDITION
TUESDAY, OCTOBER 11, 1938
雙十節日
白日照青天
OVERSEA CHINESE CONGRESS
南僑大會

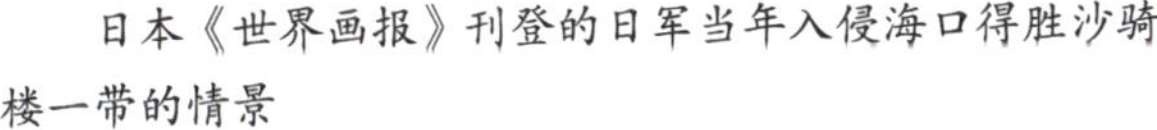

日本《世界画报》刊登的日军当年入侵海口得胜沙骑楼一带的情景

1931年九一八事变以后，日本帝国主义加紧侵略中国，中华民族危机日益加深，全国各地抗日救亡运动风起云涌，海外华侨无论是巨贾富商、各界名流，还是工人、学生以及妇孺老翁，都纷纷组织起来，成立团体，奔走呼号，以各种形式开展救亡活动。1937年8月，新加坡华侨领袖陈嘉庚发起召开全新华侨大会，成立“马来亚、新加坡华侨筹赈祖国伤兵、难民大会委员会”。翌年10月，南洋所属菲律宾、香港、越南、暹罗、缅甸、苏门答腊、爪哇、望加锡、婆罗洲、马来亚等地四五埠华侨代表一百六十八人，在新加坡举行大会，正式成立“南洋华侨筹赈祖国难民总会”，这是海外华侨首次大团结的象征。在这种有利形势下，陈琴高举反帝的大旗，全身心地投入新加坡侨胞抗日救亡的汹涌巨浪中。他以动员组织华侨支援祖国抗战为中心，先后发起组织了“星洲洋务工人抗敌后援会”“星洲洋业工人筹赈分会”“星洲洋业工人互助社”“星华商工友爱社”等抗日团体，宣传抗日救国，声讨日本帝国主义的侵略罪行，广泛开展捐款筹募活动，发动华侨们不吝金钱，尽倾血汗，有钱出钱，有力出力，支援祖国和家乡人民的抗日斗争，进一步推动了南洋各地的抗日救亡运动向前发展。

1939年2月10日，炮声隆隆，硝烟弥漫，日本侵略军的魔爪伸向了孤悬一隅的海南岛。日军的铁蹄践踏着这片美丽富饶的土地，海南岛沦陷了。陈琴遥望故土，痛心疾首，义愤填膺。他大声疾呼，呼吁广大琼侨团结起来。"拯救被日本人蹂躏的同胞，保卫我们国家的领土，维护祖先们留给我们的田园"。他赞同并积极参与发起成立"琼侨救乡会"和"琼侨救济难民联合会"，认真而细致地做侨领和侨胞的思想工作，推心置腹地向他们宣传救国救乡的道理，恳切地动员进步侨领郭新、符致逢、王漠仁、王兆松等人站出来领导琼侨开展救亡工作，使海外广大琼侨不分男女老少都纷纷投入募捐救国救乡的洪流中。

随着琼崖抗战形势的发展，日本侵略者践我故土，杀我同胞的残暴行为以及家乡人民高举抗日大旗，奋起抗敌的英勇行为，激励了广大琼侨抗日杀敌、同仇敌忾的斗志。广大琼侨特别是青年，纷纷要求放弃自己的学业，辞去自己的工作，"杀"回老家去，跟日军决战到底。陈琴坚决支持广大琼侨青年的这一爱国行动。在琼侨总会的领导和陈琴的努力下，同年5月，星洲琼侨回乡服务团正式成立（以下简称星洲团），经过报名考试，共录取了六十人，陈琴任团长，梁文墀任副团长，服务团内分设政治宣传队和医疗救护队。星洲团成立后，全体团员在新加坡琼州会馆集中学习了一个月的政治和军事常识以及医疗救护知识。6月上旬，他们在陈琴的率领下，告别了自己的妻子儿女，离开了自己温暖舒适的家庭，肩负着广大侨胞的重托，乘英国客轮"海英"号启程，朝战火纷飞的家乡——琼崖驶去。

"海英"号经过四天四夜的海上航行，直达广州湾西营。服务团登陆后在霞山暂住几天，便转到硇洲岛。因当时东北风的季节已过，找小帆船也不容易，服务团在硇洲岛等风等船，等了一个多月。陈琴便抓紧这段时间继续组织团员们学习政治和军事常识，亲自为他们讲解共产党的抗日民族统一战线，以及毛泽东的《论持久战》，以提高每个人的政治素质；并结合实际，研究回琼后服务团如何开展抗战工作。不久，陈琴将星洲团分成三批，偷渡回琼。首批二十余人，由他亲自率领，乘搭两艘木帆船，在晚霞中扬帆起航，冲破敌人的严密封锁，于7月底的某天拂晓前在铺前七星岭附近海岸胜利登上故乡的土地。首批人员偷渡成功，给后面两批同志以极大鼓舞。接着，第二批二十余人，由副团长梁文墀率领，第三批七八人，与越南团一起，由张奋同志率领，都胜利地渡海返琼。星洲团全体成员"偷渡"成功后，便在陈琴的家乡——昌溪乡抱才村落脚，后又转移到琼山县甲子乡。

接着，陈琴奉"琼侨总会"之命，率领星洲团全体成员，前往定安翰林墟国民党九区专员公署和守备司令部注册备案，向琼崖国民党当局争取独立活动和合法权利。但国民党琼崖当局为了达到限制和控制星洲团的目的，采取种种手段，一会儿集中训话，一会儿个别谈话；一会儿假惺惺地说"华侨慷慨解囊，捐献救国，政府深感满意，你们冒险偷渡回琼帮助政府抗战，很是光荣"，一会儿又板起面孔威胁恫吓，不准他们返回文昌一带参加敌后抗战，而强迫他

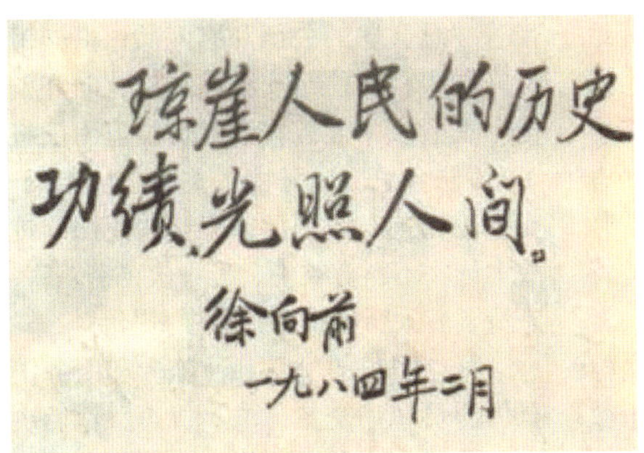

徐向前题词

们把驻地迁至五指山的保亭、白沙、乐东等地的国统区，企图使他们离开中共领导的琼文抗日根据地，以达到控制服务团的目的。对此，陈琴坚决拒绝，义正词严，据理斗争，使国民党的罪恶阴谋未能得逞，不得不放手让星洲团到文昌、琼山、琼东和万宁一带开展抗日救国工作。

就在陈琴率领星洲团返琼前后，香港团和越南团也相继渡海返琼。这三个团虽然来自不同的国家和地区，但都是由“琼崖华侨总会”派遣的，是在“总会”的接济和琼崖特委的领导下开展工作的，任务也相同。为了加强领导和统一行动，提高工作效率，便于领取和携带华侨捐募的各种救济物资，香港、星洲、越南三个团的同志都主张联合起来，成立“琼崖华侨服务团总团”。中共琼崖特委十分重视这一建议，不久，越南团团长符克同志根据特委的指示，渡海前往香港向“总会”汇报。“总会”考虑以分散的力量去完成繁重的任务比较困难，因此，同意三个团合并，成立服务总团。

1940年6月19日，在琼山树德乡文林湖村召开所有服务团成员大会，正式宣布成立“琼崖华侨回乡服务团总团”，由符克任总团团长，陈琴、梁文墀任总团副团长。总团由二百四十余人组成，下设总务股、秘书股、宣传股、组织股、医务股等办事机构。总团一经成立，陈琴就清楚地意识到自己肩上担子的分量，他积极协助符克团长，努力做好服务团的工作。总团在符克、陈琴等的领导下，立即分成若干工作队，活跃在文昌、琼山、琼东、定安、儋县、澄迈、万宁等地；战斗在琼崖的城镇、椰林和村村寨寨。他们每到一地，便通过写标语、画漫画、出墙报、发传单、进行文艺演出、召开群众大会和节日纪念活动、举办战时小学和识字班、民众夜校、设立阅览书报室、举办时事报告会和座谈会、组织歌咏队、创办宣传刊物等形式，控诉日敌的侵略罪行，向群众宣传抗日救亡的道理，唤醒民众，启发民众民族自尊心，坚定群众抗战必胜的信心。在广泛开展抗日宣传的基础上，陈琴又积

符　克

极协助符克团长，指导各地迅速做好组织群众抗日团体的工作。为把琼崖人民组织起来，投入抗战洪流，服务团先后在广大群众中组织了乡保动委员会、青年抗日同志会、青年抗战工作队、教师同志会、儿童放哨队、民众救护队、特务工作队等抗日团体。

特别使部队官兵和广大人民群众称赞和难忘的是服务团中那些战斗在抢救和护理伤员的前沿阵地以及难民机关的团员们，他们在符克、陈琴等组织下，冒着枪林弹雨和生命危险，给战区和敌后的伤兵以及难民送医送药，以自己的血汗、生命和不懈的努力，换来了成千上万的伤员和难民的身体健康，给家乡人民留下了极其深刻的印象。

就在符克、陈琴等领导服务团总团工作开展得有声有色之际，1940 年秋，琼崖国民党不断制造摩擦事件，分裂的逆流日益严重，服务团也被说成是不服从琼崖当局的领导，违抗政府命令，甚至制造事端，无理逮捕、拷打、杀害无辜的团员。为了贯彻执行“琼侨联合总会”的指示，维护抗日民族统一战线，克服分裂的逆流，同年 8 月，符克团长带着“总会”的公函和慰问品，偕同韦义光同志，前往定安县翰林墟，向守备司令王毅和第九区督察专员吴道南汇报“琼侨联合总会服务团”关于救济难民、支援琼崖抗日救国的方案，共商团结抗战大计，不料竟被王、吴一伙秘密杀害，制造了骇人听闻的“符韦惨案”。

符克团长的牺牲，使陈琴和服务团全体团员悲愤交集，泣不成声。他们决心化悲愤为力量，更好地团结在中共琼崖特委周围，“坚持抗战，反对投降；坚持进步，反对倒退；坚持团结，反对分裂”，坚决将琼崖抗日斗争进行到底。为了向“琼侨总会”汇报服务团的工作以及符克团长被害的情况，以取得“琼侨总会”更大的支持，陈琴挺身而出，毅然决定立即冒险渡海赴港。中共琼崖特委为了陈琴的人身安全，特派交通员陈大贵同志带领陈琴出海，却不幸在海上遭遇日敌兵舰，被日军逮捕杀害。陈琴光荣牺牲，时年仅二十九岁。陈琴是一位为民族解放而牺牲的革命烈士，他的英名将永昭日月，千古流芳。

（本文选自海南史志网，作于 1995 年）

护理“银燕”的女兵

文/晓 阳

1952年11月28日，空六师奉空司命令，进驻安东市的浪头机场，再次参加抗美援朝作战。

当时，我在空六师野外飞机修理厂任政治指导员。厂部驻扎在浪头镇外江边的半坡上，我和特设组（仪表、无线电）的同志们住在半坡的一排民房里。我们厂有七十多人，真正懂技术的人不多，绝大多数是从上海报名来当志愿军的高中生和中专生。他们边干边学，经过两年的实践锻炼，已基本掌握修理飞机各部件的技术。厂里设备条件差，仪器、零件经常短缺，为能及时完成修理任务，大家就因陋就简搞土造或找代用品。比如，换发动机的油泵时，先要测油量，我们没有测油器，就自己做一个铁架子，把化验室的玻璃管在铁架子上围上一圈，开机时，看玻璃管里进油量是不是一样多，测试效果还真不错。类似的小发明、小创造，有几十项。上级机关为此给我们修理厂记了集体三等功。

仁川登陆中美军的空中支援

在沈阳小河沿东塔机场，我们修理厂就驻在机场里边，上下班很方便。到安东后，浪头镇离飞机场有五六公里远，每天早饭后，我们便乘坐苏联“嘎斯”六九型卡车去机场上班，一天往返四趟。修理厂各组（特设组、机械组、飞机修理组）设在机场一侧临时搭起的几间工棚里。歼击机一般的维护和小故障由飞行大队机务组自行处理。要排除大的故障或飞机中弹穿孔、部件的损坏、夏冬两季的油料换季检查，飞机必须送到修理厂来维修、换件。当时我们师编制两个团，有多种型号歼击机五十七架，战斗任务重。为保证战斗需要，飞机进厂停留的时间不能长。时间紧，任务重，除白天紧张维修外，还有部分同志轮流挑灯夜战。我和大家一样，脑子里的弦总是绷得紧紧的。

1953年上半年，美军密谋进行第二次“仁川登陆”。为此，中朝军队紧急动员，调整部署，进行反登陆准备。我们空六师机场一马当先，担负着防空和掩护地面部队的艰巨任务。我们立即行动，做好加强修理工作的物资、技术和思想准备。我方依靠群众，动员大家献计献策。明确要求：凡是本厂能修理的战斗机，要以最快速度修复出厂。后来敌人没敢

拉-11 型活塞式歼击机

1920 年 10 月 16 日，东塔机场建成，为沈阳第一个飞机场

登陆，但这次紧急战备对我厂的全面工作还是起到推动和促进作用。我也从中学到一些本领，增长了才干。

参战不久，组织上突然调李志厂长去沈阳八航校学习，这突如其来的决定，令我发蒙。参战时期的飞机修理任务非常繁重，我这个刚下厂不久、年纪轻轻（二十三岁）的女干部，基层工作还缺乏经验，业务技术又不熟悉，上级又没有派厂长来的迹象，怎么办？是向领导提困难要人呢，还是主动把担子挑起来？我想，我是共产党员，经过抗日战争、解放战争考验（1940 年 8 月随父到豫鄂边区参加新四军五师），只要依靠群众，虚心学习，困难是能够克服的。于是，我勇敢地接过厂长留下的担子，两副担子一肩挑。

作为一名志愿军空军女战士，随部队参战，还要克服自身的许多困难。首先我已是两个孩子的妈妈，要参战，我忍痛将两个孩子（女儿不到两周岁，儿子才八个月）托人送到湖北军区我妈妈那里。参战前，我又怀孕了，立即打报告要求做人工流产，报告送到空二军党委，没有批准。师组织科给我答复是一封慰问信，没有提到不让我参战的问题，我就放心了。妊娠期间有许多实际困难。我经常要参加一些会议，每次开会，必须从机场的这一头走到另一头，往返一趟五公里以上。我们上班都坐卡车，不管谁在驾驶室里占了座位，只要看见我过来，就主动把位子让给我这个孕妇，大家的爱心，我总是觉得甜丝丝的。我常因写材料或别的事赶不上班车，就得徒步去机场。路上常碰到苏联空军去机场的车，我在路边向他们招手，他们就会立即把车停下来，帮我上下大卡车。

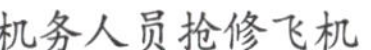
机务人员抢修飞机

为了表达感激之情，我学会了“谢谢”和“再见”两句俄语。

我的丈夫北沙是空六师的师长。我们夫妻近在咫尺，却难得一见。我有时生病起不了床，他也不能来看我，只让警卫员来问问情况。快到预产期，我回到沈阳空六师留守处分娩。1953 年 6 月 16 日晨，我的第三个孩子降生了，这个孩子在娘肚子里就受到了炮火的洗礼。在产假期间，朝鲜停战了。师直属党委书记、师参谋长姜玉岜同意我带着孩子回修理厂工作。直到 1954 年 2 月调往南京空军。

空六师入朝作战历时七个月，共组织空战九十四次，击落敌机二十架，击伤三架。当时，我们师还是一支新生的部队，在战斗中受到了洗礼，经受了严峻的考验。著名的空军一级战斗英雄张积慧、二级战斗英雄李汉调来六师，分别担任团长和师长。这是我们空六师的光荣和骄傲。

鸭绿江畔一年零两个月的日日夜夜，这不寻常的岁月，我终生难忘。

（本文由北京新四军研究会供稿）

王补梅

——人民军队的妈妈

文 / 任山鸣

王补梅，1896 年生于马镇乡栽子沟村的一个贫苦家庭。因生活所迫，十四岁时就在沙峁镇王家后洼村做了童养媳。

土地革命开始不久，王补梅就认识到：共产党是带领广大穷人走出苦海的政党。部分党员、红军和革命干部，经常在她家宿营、开会。她主动放哨或送信，并亲自送两个儿子参加了红军。

1935 年夏，正是神府革命最艰苦的时期，敌人到处捕杀革命人士。王补梅全家躲在贺家山的一个山洞里，这里又成为红军的“掩蔽所、医疗院”。她和六岁的小女儿，每天采药、熬药、为伤病员换洗衣服、喂药，非常忙碌；她的丈夫负责警戒和传送情报；她的大女儿和儿媳到处寻找野菜、山枣等，给大家充饥。米脂游击队队长马腾宝负伤入“院”后，两天一夜昏迷不醒。王补梅心急如焚，冒险下山找来粮食，熬成米汤，给他灌食。马腾宝痊愈归队时，拉住王补梅的手，边哭边说：“妈妈，我要更勇敢地杀敌人，来报答你的恩情！”

神府革命根据地恢复生产后，王补梅分到二十多垧土地，生活好起来。但她总是省吃俭用，未吃过一顿丰盛的饭菜。日常做饭时掺些糠菜，省下粮食留给红军。

1938 年夏，八路军一二〇师荣誉队的数十名伤病军人转移到王家后洼村，王补梅不仅把自家的窑洞腾出来，让他们住，还自愿承担起护理以及采药、熬药、喂药等任务，甚至把粮食、鸡蛋省下来，让伤病员吃，而自家吃野菜。就这样一干就是四年。当军人们离开该村时，个个泪流满面，深情地呼唤着“王妈妈”！

1941 年中秋节刚过，前方又送来七名伤员。炮兵连指导员龚秉权只剩一条腿，一进门就拉住王补梅说：“大娘，给我喝一口米汤吧！”说完就昏了过去。

1936年神府特区抗日人民革命委员会银行发行的五角纸币

当时正是青黄不接之际，家里没有一粒米，地里的庄稼也未熟透。王补梅思忖良久，带着女儿到地里，剪了一筐成熟的谷穗，然后烘干，搓出一升多小米，熬了一大锅稀粥，给每个伤员端上一碗。伤员们端着米饭，一口也吃不下，一个小号兵竟背过身哭了起来。

荣誉队在王补梅家住了四年，临别时个个泪流满面，不忍离去。一些小战士请王妈妈跟他们一起走。王补梅也很难过，让战士们带上所有的母鸡。伤员们齐声说："妈妈，等革命胜利了再来看您！"

为了表彰王补梅的事迹，晋绥军区、八路军一二〇师荣誉队，河防司令部、中央被服厂等单位赠给她二十四面锦旗。其中，晋绥军区送的"军队的妈妈"锦旗，现陈列在延安革命纪念馆。她曾多次被评为拥军模范。

中华人民共和国成立后，王补梅还多次带上一些土特产，看望慰问当地驻军。1975年，王补梅去世，终年七十九岁。

（本文选自神木文化艺术网）

忆八路军的后勤工作

文 / 周文龙

周文龙

在伟大的抗日战争中，我军的后方勤务工作经受了严峻的考验，并随着军事斗争的发展，不断健全和完善。在中国共产党的领导下，广大后勤工作人员，紧紧依靠抗日民主政权和人民群众的大力支持，同心协力，自力更生，艰苦奋斗，战胜了日军的“扫荡”“蚕食”和“封锁”，粉碎了国民党的破坏和进攻，克服了自然灾害所造成的各种困难，保障了部队的供给，为夺取抗日战争的胜利，做出了重大的贡献。

积极做好出师准备

1937 年 7 月 7 日，卢沟桥的炮声揭开了全国性抗日战争的序幕。中共中央、中央军委立即进行了红军出师抗日的一系列准备工作。8 月 6 日，中国工农红军前敌总指挥命令红军集结陕西省三原、富平地区整训、改编，准备开赴华北抗日前线；接着，抗日军政大学第二期四个队的学员提前毕业前往洛川，以便随同参加洛川会议的部队首长一起返回部队。当时我在抗日军政大学总校任校务部副部长，随校长林彪从延安到达洛川。在办完毕业学员分配工作后，8 月 19 日遇到已调红军总部工作的原抗大校务部部长杨立三同志。他异常兴奋地告诉我“周恩来副主席明天乘飞机从西安来洛川，参加政治局扩大会议”，并约我一同去机场接周副主席。8 月 20 日 10 时多，飞机在洛川机场缓缓着陆。周副主席走下飞机，同我们热情握手，并亲切地说："你们俩又碰到一起啦！"杨立三回答说："文龙同志是来洛川办理抗大毕业学员分配工作的。"周副主席微笑着点了点头，接着又询问当前部队供应情况，杨立三做了简要汇报。周副主席听后叮嘱说："部队即将开赴前线，后勤供应工作要做好充分准备，不要影响行军和作战，部队出发前要派人下去检查，把工作做细。"随即，周副主席命随行人员把随身带来的五十万元（法币）交给了杨立三，说："这是从西安领回的国民党政府发给我军的第一笔军饷。你们转交给中央财经组，统一分配给前方和后方使用。"望着周副主席亲自带来的这一笔经费，杨立三和我都很激动，深知这是周副主席代表我党同国民党政府进行了多次谈判争取到的，确实来之不易。

"兵马未到，粮草先行"。从我军在三原、富平地区集结之日起，各部队供给、卫生兵站等部门就紧张地行动起来，积极进行出征前的各项准备工作。供给人员冒雨组织筹粮，以保证出发时携带三天熟食和几天的粮食。对部队的武器弹药和被服装具，经过周密的检查，按需要和条件的可能给予必要的调剂与补充。卫生部门也积极准备战地救护器材和急需药品。当时，军需部门还为部队即将到来的改编做好了换装准备。

抓紧建设"小后方"

毛主席于 1938 年 5 月对敌后游击战的后方建设问题作了精辟的论述："无后方作战，本来是敌后游击战争的特点，因为它是同国家的总后方脱离的。然而，没有根据地，游击战争是不能够长期地生存和发展的，这种根据地也就是游击战争的后方。"总部首长十分重视八路军的后方建设，左权副参谋长强调指出："世界上没有只有前方而无后方的军队。"并且根据毛主席的论述，他提出了在没

洛川会议会址

有全国性政权的大后方的情况下，要努力建设自己的“小后方”。为了把抗日根据地建设成为可以依托的“小后方”，我们在抗日民主政权的配合下，与日军和国民党进行了尖锐复杂的斗争，千方百计地克服困难，使八路军的后方建设取得了很大成绩。

游击队歌

发展军工生产在后方建设中占有举足轻重的位置。早在1937年11月21日，毛主席就打电报给周、朱、彭，提出争取“每年生产一万支步枪”。1938年10月，毛主席在扩大的中共六届六中全会上做报告中又指出：游击战争的军火接济是一个极重要的问题。每个游击根据地都必须尽量设法建立小的兵工厂，达到自制弹药、步枪、手榴弹的程度，使游击战争无军火缺乏之虞。抗战初期，由于国民政府供应为数很少的武器弹药，我军的装备不仅质量十分低劣，数量也严重不足，一些新组建的连队有些战士不得不手持大刀、长矛参战。当时枪炮弹药的主要来源是取自于敌。正如《游击队歌》中所唱的，“没有枪，没有炮，敌人给我们造”。为了适应部队武器的需要，敌后根据地的军事工业，先后在晋冀豫、晋察冀、晋绥、山东等地区，从无到有，从小到大，从分散到集中，从低级到高级，逐步发展起来。尤其是在总部所在的晋冀豫地区，军工生产发展较快，成绩较为突出，不仅生产了大批步枪，还生产了迫击炮、掷弹筒以及各种炸药和枪弹、炮弹等军工产品。为了与敌人的“扫荡”和破坏作斗争，军工厂各车间的工人都进行了战斗编组和分工。遇有敌情，在很短时间内就可把机器设备搬到隐蔽地点埋藏，粉碎敌人“扫荡”后，又可立即恢复生产。各工厂还注意摸索敌人“扫荡”的规律，利用敌人“扫荡”的空隙抓紧生产。位于山西省黎城县西北深山里的黄崖洞军工部一所，是华北抗日根据地军工生产的重要基地之一，被日军视为心腹之患，多次调重兵企图摧毁它。为了保卫工厂的安全，总部首长将总部特务团派驻黄崖洞。1941年11月，日军第三十六师团调集三千余人对黄崖洞发动进攻，特务团和广大军工团结奋战，歼敌七百余人，这就是著名的黄崖洞保卫战。军事斗争保卫了军工生产，军工生产保障了军事斗争。各根据地的兵工厂就是这样边生产边战斗，使八路军的武器弹药供给基本实现了由初期主要取之于敌到后期主要自己生产的转变。

开展生产节约运动

1941年至1942年，敌后抗战处于极端困难的阶段。日军为巩固扩大其占领区，对我抗日根据地进行了大规模的“扫荡”“蚕食”，并推行惨绝人寰的“三光”政策。同时，一些原来是国民党的军队打着所谓“曲线救国”的旗号投降敌人，配合日军进攻我抗日根据地。因此，根据地曾一度遭到严重破坏和摧残，面积大为缩小，有些地区还被分割

八路军晋察冀被服厂在生产军服

八路军战士在编织草鞋

八路军机关干部在纺线

成许多小块。如太行区只剩下三个完整县（平顺、黎城、涉县）。农村经济萧条，物价进一步上涨，粮食和物资奇缺，财政经济极端困难，严重影响部队生活。当时在冀中，部队每人每天0.13元的菜金，只能买半斤土豆；在晋冀豫，战士每月有1.5元的津贴；在晋绥，标准规定五钱油、五钱盐，只能吃到各两钱；连原来物资条件较好的山东，在最困难的时候，指战员也常常以米糠、地瓜蔓、树叶、草籽充饥，部队后勤供给工作面临十分艰难的局面。1941年8月，总部还接到中共中央的电报，要求华北各根据地为中央和军委提供一部分经费。

在敌人“扫荡”和经济封锁的同时，各根据地还遭到不同程度的旱、涝、蝗、瘟等灾害。1939年7月至1940年间，日本侵略军先后两次掘开滏阳河、运河、沱沱河及漳河堤岸，使冀南三十多个县一百多万亩良田受淹。从1941年到1943年，延续达三年之久的旱灾，时间最长，地域最广，危害最大，其中晋西北、冀南、冀西、豫北地区尤为严重，接连八九个月滴雨未下，河流水井干枯，地皮龟裂，赤地千里，禾苗不生。

部队普遍以菜代粮，采树叶、挖野菜，掺和些谷糠、豆饼、玉米面等做成饼子或团子，这就是当时经常吃到的主要食品。每当部队开饭时，饿得面黄肌瘦的灾民便围过来，指战员们不忍心看着群众挨饿，自动把分得的糠菜饼子和稀粥，再匀出一些给灾民吃。除了水旱灾之外，有些地区还出现了蝗灾。由于连年灾荒，致使伤寒、霍乱、鼠疫、疟疾等疫病也流行起来。

由于日军的反复“扫荡”和严密的经济封锁，国民党的包围，以及连年的自然灾害，华北各抗日根据地的军民，经历着古今中外罕见的艰苦岁月。针对这种严峻的形势，党中央、毛主席及时指出：“当前的困难是‘黎明前的黑暗’。”号召各根据地“军民增强团结，咬紧牙关，积蓄力量，度过今后两年最困难的阶段，准备将来之反攻，夺取最后胜利。”根据党中央指示，我八路军广大指战员同根据地人民一道，与敌人、与灾害展开了艰苦卓绝的斗争。

在部队生活极度困难，人员体质下降的情况下，日军的“扫荡”更加频繁，我军反“扫荡”任务十分艰巨。尤其是1942年5月中旬，敌人从正太、同蒲、平汉等线纠集了两万五千余兵力，直奔我总部和中共中央北方局驻地——辽县武军寺、麻田镇一带，妄图一举摧毁我华北抗日指挥中枢。5月24日，总部与北方局机关转移到辽县南艾铺地区，将近11时许，杨立三部长急切地告诉我：“我们被敌人包围了，我率一部分人员经庄子岭向外转移，你带一部分人员向东北方向突围，跳出去就是胜利。”

我立即集合供给部出纳科、会计科及随我们行动的后勤政治部一些同志，向东北方向突围。这时，只见西、南、北三个方向的路上，卷起阵阵黄尘，敌人的炮弹在山坡、路旁腾起团团浓烟，飞机低空盘旋扫射，投炸弹。沿着山地走出不到一公里，忽然发现一群日伪军出现在我们右翼。我当即指挥大家避开敌人从左翼爬上一座山头，进入一条山沟。这时，驮着几十万元冀南币的骡子被炸死，我命令大家卸下驮子，把冀南币分散隐藏在山沟里，用石头遮盖好，留下一名同志就近隐蔽看守。其他同志则白天隐蔽，晚上转移，在山上与敌人周旋了十余天，终于跳出包围圈，保护了票币和物资的安全。这次反“扫荡”，总部直属队和后方机关付出了巨大的代价。后勤部政治部主任谢翰文及机关干部多人不幸遇难。特别是左权副参谋长英勇捐躯的消息传来，人们泪如泉涌，悲痛不已。

为了克服困难，华北各根据地的军民，根据党中央、毛主席关于“自己动手，克服困难”的指示，在中共中央北方局代理书记邓小平亲自带领下，掀起了生产自救运动。1944 年 4 月的一天，我到总部所在地去请示工作，正遇上北方局和总部领导人邓小平、滕代远、杨立三等带领机关各部部长们在锄地。当时已任总部副参谋长的杨立三看到我走近地边，指指地上的一把锄头说：“老周，来得好，先锄一趟再办公！”我高兴地拿起锄头，锄了一会儿地，才同杨立三在田坎上坐下，把图表、材料摊在膝盖上办起公来。

为了厉行节约，彭总对开支预算的审查非常严格，除作战经费和涉及群众利益的赔偿费可以宽松一些外，其他经费都抠得很细，特别是对特支费、招待费要求更为严格。他曾经多次告诫所属部队，领导同志下去碰上什么吃什么，一律不准搞招待，并以自己的行动为全军指战员树立了楷模。有一天，彭总到供给部驻地正赶上吃午饭，同志们想给他做几个菜，彭总知道后，立即制止了。他走进伙房，掀开锅盖，顺手抓起

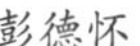
彭德怀

两个山药蛋和几片南瓜，边吃边说：“真香啊！”大家觉得过意不去，便又商量：“只炒一盘鸡蛋，行吗？”彭总听了，先摆摆手，后又拍着肚子说：“不用了，这南瓜就蛮好，你们看我都吃饱了。”在彭总的影响下，各级干部都十分注意节俭，到部队后都不让下面招待，坚持同战士同甘共苦。

根据地军民开展的生产节约运动，取得了巨大成就。它不仅使我军度过了艰苦岁月，而且为夺取抗日战争的最后胜利奠定了物资基础。

八路军后勤工作在战胜各种困难中积累的丰富经验和后勤工作人员不怕流血牺牲建立的丰功伟绩，都将永远记入中国人民抗日战争的光荣史册。

（本文由八路军太行纪念馆供稿，有删节）

忆从延安行军到东北

文 / 胡述文

1945年，我和丈夫方深及四岁的女儿都在三五九旅旅部驻地金盆湾工作和生活，方深在旅司令部，我在旅政治部。

这一年的6月，三五九旅奉命组建南下第二支队，任务是到广东、湖南开辟新的抗日根据地。方深被编入支队，到延安集中，整装待发。我被调到延安，另行分配工作。

到延安后，我被分配到三五九旅家属学校教务处工作。家属学校组建于1944年，这一年11月，三五九旅第一支队南下，集中支队家属到家属学校，学政治、文化、纺纱，供旅属光华织布厂织军用布。南下第二支队家属也集中在这里。

家属学校校址在清凉山上，与陕甘宁边区政府所在地凤凰山隔延河相望。新华社在清凉山山顶，山下是延安东关外的飞机场。

7月，女儿入托军委保育院。这个保育院的儿童都是出征干部子女。院长凌莎是赵毅敏同志的夫人，曾在苏联学习，作风豪爽。院内工作人员都是到延安来受训的冀中女干部，政治素质高，她们服从工作需要，到保育院工作。女儿在这里过起了集体生活，学唱歌、学跳舞，健康快乐。保育院地址在大砭沟，每周日，我去看她。

8月28日，毛泽东主席应蒋介石邀请去重庆谈判。在此期间，延安军民十分关注毛主席的安全。清凉山下的飞机场一向空旷，10月的一天，我发现飞机场聚集着庞大的人群，猜想一定是毛主席回来了，就跑下山，跑到飞机场，穿过人群，挤到靠前的地方，恰好看到毛主席站在机舱口，向大家挥帽致意，我近距离地见到平安归来的毛主席，心情特别激动。飞机场上一片欢腾，当时的情景至今难忘。

另一件终生难忘的事是，8月15日，日本天皇宣布无条件投降的第二天夜晚。延安的夜晚平时是宁静的。那一天晚饭后，听到山下有欢呼声，大家在欢呼“抗战胜利，日本投降”。欢庆的队伍前不见头，后不见尾，人们手擎着火把，欢呼声此起彼伏。当时延河水已很凉，游行队伍涉水过河，没有人顾得上挽裤脱鞋。山上的人闻声，都跑了出来，

1942 年，毛泽东在延安接见三五九旅干部王震（前排右二）、王恩茂（前排左二）、章仲瀚（后排右四）、曾涤（前排左一）等

三五九旅官兵在南泥湾开垦荒地

互相拥抱拍打，把帽子抛得老高。这是延安的狂欢之夜。队伍走远了，我意犹未尽，心里觉得还不够踏实，便提着马灯，爬上清凉山山顶，到新华社看了日本天皇宣布投降的电讯，确信期盼已久的抗战胜利终于来到，心里才踏实。

10月，南下第二支队已从河南孟县转向东北行进。家属学校奉上级指示，趁内战还没有全面打起来，派一批赴东北干部的家属，去东北参加前方工作。我是第一批派往东北的干部家属，计划在10月末出发。

把女儿从保育院接出来与我同行，还是将来由保育院护送她到前方？袁任远同志分析当时形势时曾说："内战不可避免。毛主席、党中央在延安，我军的总指挥部在延安，内战打起来后，国民党势必夺取延安，以扰乱战局。"我考虑到，一旦发生情况，保育院带着很多孩子行动，将很困难。如果我把女儿留在延安保育院，我将牵肠挂肚，我决定带女儿与我同行。

出发后，自延安北行，经腰店子、甘谷驿、延川、清涧、绥德，在螅蜊峪渡黄河，到山西碛口，北向偏东至三交、临县、兴县、岢岚、五寨、平鲁、威远堡、左云，所经之地皆为我军根据地。这个地区分布着八路军兵站，供部队过往人员食宿。兵站设备简单，人手不多，除站长外工作人员多为小八路，工作却井井有条，十分周到。进了兵站，热水、开水、饭菜都准备好了，马厩里有草有料，有宾至如归之感。兵站规定每星期改善一次生活，吃细粮、吃肉；规定各兵站在同一个周日改善生活，过往人员就谁也不会得不到改善，也不会吃重了。仅此一事，即可见管理的细致。兵站还规定：住宿人员离开兵站前，必须把所住房间清扫干净。这个规定体现了对红军传统的继承。

进入山西省东北部的阳高、天镇，没有兵站，要住民居，还要自己做饭。当地主食是莜麦面，据说莜麦面的特点是三生三熟，蒸熟后晾干，磨成粉，又成生面，很好吃，但不好消化。当地人说，吃莜麦面必须加醋、辣椒，必须睡热炕。

从延安出发，一路爬山，直到阳高、天镇，才进入平原。这里看不见窑洞，都是四合院。到延安后没有见到过四合院，乍一看到，颇感亲切。在天镇，乘火车进入原察哈尔省，到张家口。我们乘坐的是软座车厢，但座位上的软垫全部被破坏，只能在弹簧上坐卧。

当时，张家口市是我军和国民党拉锯的城市，我军几出几进，局势相当混乱。我们入住时被告知：晚间不要开灯，避免被打黑枪；不要在街上买食品，避免中毒，此前已发生过战士在街上买馅饼吃被毒死事件。我抱着女儿上街，女儿闹着要买吃的，闹着闹着，她不闹了，小手拿着一块点心。我低声说："扔掉，有毒！"她好像烫了手，立即把点心扔掉。在敌我斗争激烈的年代，耳濡目染，孩子们也有敌情观念。

从张家口乘农家马车东行，取道北平境内的延庆、四海，去原热河省。自1937年离开北平已经八年了，在这儿听到北京口音，倍感亲切。

进入热河省的第一站是虎什哈。虎什哈是一片草原，草原上有孤零零的大土圩子。土圩子四周有极厚的土墙，四角有炮楼。居民说，他们原来分散住在山上，在居住地周边耕种，常常资助东

按照党中央的指示，三五九旅四千余人组成南下支队，南下湘粤桂边，与东江纵队打通联系，并依托五岭山脉创建新区。这是1944年11月，南下支队第一梯队从延安出发前，毛泽东同志和朱德总司令在王震旅长陪同下检阅部队

1946年6月26日拂晓，国民党军三十万人，向我中原解放区大举进攻，以此为起点，发动全面内战。中原解放军主力作战略转移，7月底胜利完成战略转移任务。这是三五九旅突围后，于8月31日胜利到达延安

张家口各界群众欢庆抗战胜利

北抗日联军。日本侵略者为了切断群众和抗日联军的联系，残暴地施行“翻山沟”。“翻山沟”就是把山民的房子推倒，翻进山沟，把山民赶到空旷的平原上建圩子，让他们在圩子里住。建圩子的程序是，先建圩墙，再建圩子四角的炮楼。炮楼由汉奸把守、瞭望。圩子墙建成后才准建住房。建住房的程序是先建炕，再建墙，最后建房顶。先建炕是为了有个睡觉的地方，睡在炕上总比睡在地上略好些，遇到雨雪天气，就淋着，无处躲避。一家无论人口多少，一律只准建一间房，房旁有一小块儿地方，供饲养家禽、家畜和当厕所。圩内不断有疫病流行，无医无药，能挺过来的人就凑合着活下去，挺不过来的人就命赴黄泉。圩子周围是空旷的大草原，不许农民垦荒，因为日本侵略者惧怕青纱帐，圩子里的居民只好到原居住地耕种，费时费力，收成不多，还要受日本侵略者掠夺，还要供养汉奸。圩子里的居民过的是人间地狱般的日子。这样人间地狱般的圩子，在虎什哈并非只此一处。

从虎什哈到滦平县，另有一番悲惨景象。滦平人住的是民居房，外观比虎什哈的圩子好些，但出奇的穷。在滦平，我们住在民居。我们敲老乡的门，听说我们是女八路，里面叫着“等一等”，我们在门外等了一会儿，有位中年妇人来开门，她说：“让你们久等了，我们这里穷得一家只有一套能见人的衣服，平时舍不得穿，谁出门谁穿，图个脸面。”进屋后，我们看见炕沿边竖着一尺多高的木板，挡住满炕厚厚的细沙。主人解释说：“我们穷得没有铺盖，只得睡在烤热的沙子里过冬。”又说：“我们没有铁锹、锄头，连把剪子都没有，铁器都被鬼子收走了。”做晚饭时，天已晚，屋里很黑，跟主人要点亮儿，主人就烧干树枝，烧出点火光，烧得满屋浓烟，呛得大家涕泪交流，房子被熏得很脏。主人说：“我们多年没有见过灯油，没有点过灯了，晚间什么也不能做，天黑了就上炕，等天明。”

在虎什哈和滦平，我们亲眼看到日本侵略者对我们同胞的残酷压榨，他们在水深火热中备受煎熬，长达十四年。

从滦平乘载货大汽车到承德，转乘火车向东北进入辽宁省（当时的奉天省），经朝阳、义县、阜新到新立屯。

在新立屯，北上的黄克诚将军部队与国民党部队遭遇，短暂交火。我们轻装下车，随黄克诚将军部队继续向东北行军。这是我们经历的一次强行军、夜行军，一昼夜行程约一百五十里。到彰武告别部队，继续东行到章古台，北行，进入内蒙古，经甘旗卡、伊胡塔、巴胡塔、衙门营子到通辽市。从章古台到通辽有铁路，但火车停运，也没有其他交通工具，只有步行。这一段路是沙地，

没有弹力，走起来很累；沿着铁轨走，也不能跨铁路枕木走，因枕木之间的距离太大。这段行程不过二百里左右，却走了七八天。

在内蒙古，我们住在蒙古包里。蒙古包内中央有炉灶，烟囱直通蒙古包顶部，烧牛粪，却没有异味。蒙古包内很干净、很暖和，我们休息时就席地而卧。

我们到通辽时，新四军某部正准备消灭占据通辽城内的国民党军队。这是双料的匪帮。蒋介石为在东北抢占地盘，给东北各路土匪头子颁发委任状，头衔是专员、司令等，委任布告张贴在城内城外通衢。于是，土匪头子成了蒋介石麾下的大员，既有名位，又有给养，真是匪夷所思。

这时正值农历新年前夕，新四军某部通知我们："暂在城外休息，不要打开背包，夜间将有战斗，战斗时间不会很长，枪声停后可以睡觉，明天一早接你们进城过年"。我们坐在背包上，等候战斗胜利。枪声只响了一阵就停止了，我们知道战斗已经取得了胜利。新四军胜算在握，蒋介石委任的"大员"们也太不给蒋介石争气了。我们踏踏实实睡了一个好觉。第二天一早，通知我们进城。沿途看见了匪帮遗留的尸体，战场还未清理完毕。新四军发给我们每人五元钱过年。消灭了匪帮过新年，心情特别舒畅。

由通辽市东行准备进入吉林省。时值严冬，路上积雪被轧得很实，我们就乘坐爬犁。爬犁是东北冬季路面有积雪时的交通工具。乘着爬犁，过现内蒙古的门达、现辽宁的八面城。当时四平市被国民党军占据，和我军作拉锯战，我们绕道辽宁省的昌图、西丰，再进入吉林省的辽源市（当时叫西安市），经东丰到磐石。磐石驻有三五九旅的办事机构，由旅供给部部长王励同志主持工作，我们仿佛回到家。在这里，大家各自得知自己爱人的所在地，我们这支共同经历艰辛约三个月的队伍就分散了。我被告知方深已调离三五九旅，需到在海龙办公的东北局查找方深所在单位。我在磐石过了元宵节，休整了几天后去海龙。在海龙，东北局的李之琏同志很快就查到方深在东北民主联军军事工业部工作，该部在通化。当时局势不稳定，情况常有变化，东北局的各项工作都能紧密配合形势。

去通化，要到梅河口乘火车，我在梅河口后勤部招待所遇到一位我和方深共同的熟人，他先到达通化后向方深说了我即将到达。所以我到通化时，有人来接站。我们一家三口，在分别了半年多之后，团聚在经历过深重苦难的东北。

这次行军途经陕西省、山西省、察哈尔省（现属河北省）、北平市（现北京市）、热河省（现属河北省）、奉天省（现辽宁省）、内蒙古、吉林省等六省、一市、一自治区，历时四个月，行程七千余里。

（本文选自《纵横》）

忆参加晋察冀城工部训练班

文 / 张绪潭

抗日青年的选择

1937 年 7 月 7 日，卢沟桥畔炮声隆隆，日本法西斯发动了全面侵华战争。我们举家从北平逃难到天津英国人管辖的英租界。在动乱的年月里，我于小学毕业后，考取了天主教会办的工商学院附属中学。1941 年，太平洋战争爆发，日军随即占领了天津的英、法租界。在日军统治下，工商附中也开设了日语课，派驻了军训教官。有时停课搞“勤劳侍奉”（给日军义务劳动），搬运过石英粉，也曾去天津东郊张贵庄给日军修建过飞机场。有一天，校内十多位深受同学爱戴的老师突然被日军抓到宪兵队，遭到严刑拷打，个别老师一直下落不明。有一次，我路经天津郊区杨柳青附近，猛然间看到一个人头被装在小木笼里，挂在路旁的电线杆子上，笼子下边有块木牌，上面写了几行字，大意是：犯人张禅祥，盗窃军用电线三千米，予以严惩，示众，云云。我想，这个人很可能是游击队战士，不由得引起我对他的敬佩，同时也更加深了我对日军的仇恨。这些，只不过是当年残酷现实里极小极小的一个侧面，却让我们热血青年尝到了苦涩的亡国奴滋味，决心投笔从戎。

1945 年春假期间，我和几个要好的同学到已返回北平的我二哥张翼青的家中密谋策划，并约请主张抗日的五哥张绪湜参加讨论。后来才知道当时五哥已是共产党员。当我们议论到向南（重庆）还是向西（延安），举棋不定的时候，五哥斩钉截铁地说：“重庆，去不得。那不是爱国青年抗日的地方。”五哥接着讲了国民党大后方的黑暗腐败，消极抗日，积极“反共”的许多事例，然后说：“你们要抗日，我帮你们找个真正能抗日的地方。”这一席话不仅使我们摆脱了处于十字路口的困惑，而且改变了我们一生的命运。

走在敌后自由的国土上

同年 6 月，张绪湜经联系人王辉庭介绍，拟于近期去晋察冀边区。我得知这个消息后，非常兴奋，当即决定退学抗日，跟他一道走。6 月底，我们稍做准备，化装成搞长途贩运的小商贩（那时叫跑单帮的），从北平乘火车去保定，当天下午 4 时左右到达。下车后，按照约定的暗号（张绪湜手提两个鸭梨），在火车站对面邮局的门口和地下交通员取得了联系。这位交通员一身农民打扮，头上扎着羊肚毛巾，推着一辆独轮车，上边装着一大兜子废纸、破布，俨然是个收破烂的。他小声嘱咐我们，要和他保持一定距离，跟在他后边走。我们穿过火车站旁边一个地下通道就转向乡间

晋察冀边区第一届参议会

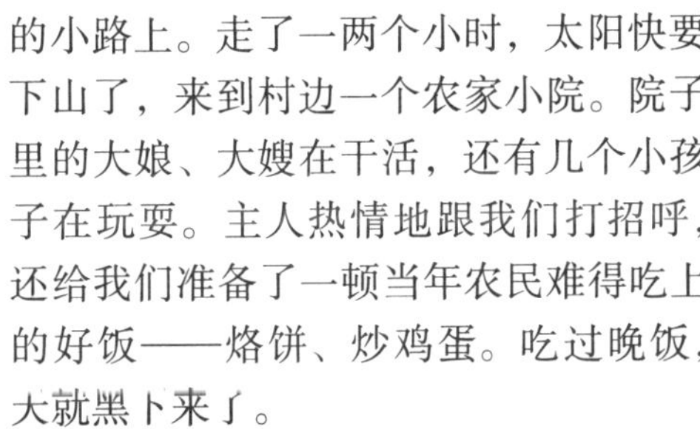
的小路上。走了一两个小时，太阳快要下山了，来到村边一个农家小院。院子里的大娘、大嫂在干活，还有几个小孩子在玩耍。主人热情地跟我们打招呼，还给我们准备了一顿当年农民难得吃上的好饭——烙饼、炒鸡蛋。吃过晚饭，天就黑下来了。

另一位交通员跟我们接上头，并说："现在就走吧！这里是游击区，不安全。"于是，我们就跟着这位挎盒子枪的交通员（也是武工队员）奔村西北的方向走去。我们走得很快，不一会儿，突然从一个斜坡下到了沟底，这条沟三米多高、六米多宽。交通员告诉我们，这是日军强迫老百姓挖的"封锁沟"。走着走着又从另一个斜坡走到沟上边，不远处还有一道土墙。他说，那是用挖沟的土砌的"封锁墙"。就这样，上上下下走了三个多小时，已是午夜时分，来到山边上的一个村子——宝阳。他领我们走进一个院落，安排在上房住下，并说："放心睡觉吧！明天早上有人领你们去边区"。当天夜里，我心情激动，难以入睡，迷糊了一会儿，天就亮了。我很快洗漱完毕，吃了点早饭，就跟着新来的交通员上了路，进了山。

我们走在群山环绕的河滩地上，上面都是大大小小的鹅卵石，中午太阳直射下来，汗流浃背。但是心情十分愉快，我们终于踏上了未被日军蹂躏的祖国大地上。傍晚，走到一个村庄——支锅石。边区城工部在这里设了一个交通站，站长是位长征干部。他热情地接待我们，并让我们谈了谈敌占区的近况。然后，他让我们每人起个化名，张绪湜的化名是张每，我的化名是张寅生。他还给每人拿来一套蓝土布裤褂、一双千层底布鞋，这是边区地方干部的装束。在这里，我们睡了一夜踏实觉。清早，又上路了。以后四五天路程都是走在大山里。每天中午赶到哪个村子，就在哪个村子老乡家吃派饭，饭后付给边币或吃饭的专用券。记得是第六天下午，我们蹚过一条沙河，翻过一道山梁，拐进一个山

晋察冀边区军民游行示威

沟就到了目的地——晋察冀城工部所在地——阜平县康儿沟。从保定下车开步走，经满城县、完县、唐县到达阜平县，三百多里。虽然时间不长，路途也不远，但是，对我来说，环境、生活、思想都发生了极大的变化。这就是从敌占区到根据地，从城市到农村，从学生到战士的变化。

实现思想上、政治上的飞跃

到达城工部之后，就开始了为期一个月的训练班生活。经常学习、生活的地方是离康儿沟不远的西板峪店。这期训练班估计有几十人，分成若干小组。我所在的小组共五个人，组长是张每（张绪湜），成员有于允、林澜、江涛和我。训练班的负责人有杨伯箴、傅秀、欧阳飞等。联系我们小组的是傅秀同志，她对我们的学习思想、生活非常关心，全面负责。当时，她不过二十五六岁，就如同我们的大姐一样。学习期间，为避免各组成员之间互相碰面，外出时，每个人都在脸上蒙一条毛巾，上面挖两个洞，以便露出眼睛看外面。这是城工部的一条纪律，也是将来从事地下工作所必需的。

训练班的学习内容不少，有《社会发展史》《中国革命和中国共产党》《新民主主义论》《论联合政府》，还有经常反复阅读的《毛泽东选集》《论共产党员修养》和《整风文献》等。每天都能看到《晋察冀日报》。

学习方法以自学和小组讨论为主，辅以大报告。自学时，每个人都如饥似渴地读书，边读、边思考，力求弄懂弄通。讨论时，大家畅所欲言，提出问题，各抒己见，经过辩论，统一认识。傅秀同志的指点和辅导对于提高认识，统一思想起了不小的作用。听大报告的地点在康儿沟一间大仓库里。各小组分别鱼贯而入，随即拉上布帘，只能听声，不能见面。大报告的内容，包括国内外形势，党的方针、政策，城市工作，革命气节等。由于报告都能联系实际，摆事实，讲道理，因而很有启发，很受教育。

通过大生产运动丰衣足食

晋察冀根据地青年开荒大队在开荒生产

晋察冀边区人民配合八路军反攻，赶运军粮

经过这段时间的学习，我明白了要抗日上前线固然是非常重要的，在敌占区开展城市工作也是十分必需的；尤其是懂得了中国革命必须分两步走的道理，抗日属于民主革命，只是第一步，将来还要走第二步，搞社会主义革命，最终实现共产主义。因此，作为一个彻底的革命者，只有民族观念和抗日救国的爱国心是远远不够的，而且要有阶级观念和为共产主义奋斗终身的事业心。在学完党建专题之后，进一步了解了中国共产党在艰难曲折的革命征程上，那种坚忍不拔、英勇奋斗的大无畏精神和全心全意为人民服务的光辉业绩。深感这才是一个伟大的党，令人敬佩，令人信赖，令人向往。自己衷心希望参加这样的党，决心为党的事业奋斗到底。我的这个愿望和决心向组织表达之后，没过多久就成为现实。那是 1945 年 8 月 1 日中午。杨伯箴同志找我谈话，通知说：“组织上已批准你入党，预备期三个月，介绍人就是傅秀同志和我。”当时，我的心情特别激动，在高兴之余也开始意识到自己肩上的担子加重了。从此，我就有了第二生命，即政治生命。

训练班的物质文化生活片段

训练班的生活条件虽然困难一些，但是大家都是革命的乐观主义者，过得很愉快，也很充实。

我们小组四个男同志住过老乡家的土炕，也住过用原木板拼起来，用大石头作支撑的矮床。领导还给我们四个人发了一顶蚊帐。睡觉时，把头和大部分身子放在蚊帐里，把裤子褪下一半，把脚罩上，再把裤腿捆住，就可防止蚊虫叮咬了。林澜是女同志受到照顾，就住

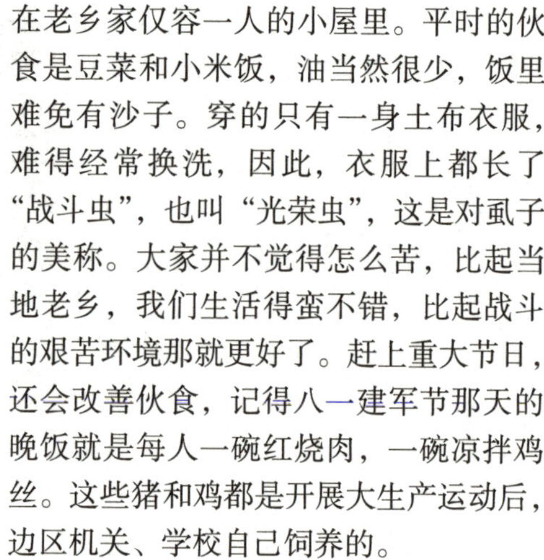

在老乡家仅容一人的小屋里。平时的伙食是豆菜和小米饭，油当然很少，饭里难免有沙子。穿的只有一身土布衣服，难得经常换洗，因此，衣服上都长了“战斗虫”，也叫“光荣虫”，这是对虱子的美称。大家并不觉得怎么苦，比起当地老乡，我们生活得蛮不错，比起战斗的艰苦环境那就更好了。赶上重大节日，还会改善伙食，记得八一建军节那天的晚饭就是每人一碗红烧肉，一碗凉拌鸡丝。这些猪和鸡都是开展大生产运动后，边区机关、学校自己饲养的。

业余时间的文化生活也比较丰富。我们曾到边区政府所在地——史家寨，去看苏联电影（用小发电机发电）。也去过康儿沟看丁里同志率领的“抗敌剧社”的文艺演出（台上用两盏汽灯照明）。晚饭后常约图书管理员小方同志学唱革命歌曲。记得起来的有:《你是灯塔》《没有共产党就没有中国》《八路军进行曲》《八路好》《七月一》《平阳颂》《烈士挽歌》《王二小放牛郎》，等等。我们还常唱《毕业歌》《五月的鲜花》《流亡三部曲》。江涛同志是从东北来到关内投奔革命的，尤其爱唱“我的家在东北松花江上……”。每当他站在山头上引吭高歌时，都充满了爱国激情和对家乡的深切思念，加之他的嗓音又好，歌声感人至深。有时，晚上没有集体活动，就仨一群俩一伙地爬到老乡的平房顶上，海阔天空地神聊，聊国内外形势，聊个人的理想志愿，互相启发，互相勉励。总之，训练班的生活，丰富多彩，终生难忘。

踏上伟大中国革命的征途

本期训练班即将结束的时候，城工部训练班负责人余涤清同志分别找学员

日本投降矣！
答覆四國接受規定條款
今晨七時四國首都同時正式宣佈
社評
日本答覆係昨晚提出
昨日東京

日本投降时的报纸头版头条

进行个别谈话。轮到我去谈的时候，大致谈到我在北京的社会关系，回城后的落脚点，以什么身份作掩护以及联系方法，等等。实际上是布置工作。

8 月上旬，我们小组五个同志分头行动，陆续返回了敌占区。我和张绪湜仍走的是原路，所不同的是绕过江城这个敌人的据点到了保定车站，然后乘火车回到北平。

前前后后一个多月时间，我在人生的旅途上却发生了巨大而深刻的变化。我不仅是有爱国心和正义感的青年学生，而且是具有初步共产主义觉悟、承认党纲、党章的共产党员，并肩负组织嘱托的地下工作者，无形战线上的战士。

我们回到北平，大约一个星期，就赶上了“八一五”，日军投降了。中国人民抗战十四年，终于取得了最后的胜利。全国人民企盼和平，希望成立联合政府，齐心协力建设新中国。但是，不到一年，1946 年 6 月，蒋介石反动派在美帝国主义的支持下，撕毁了政协协议，破坏了停战协定，悍然发动了全面内战。从此，中国的民主革命进入了解放战争时期。我作为一名共产党员、蒋管区的地下工作者，随之投入了反蒋、反美的斗争，为形成和开辟“第二条战线”、为建立新中国，尽了应尽的责任，作了应有的奉献。

半个多世纪过去了。回忆自己当年走上革命道路的情景，仍历历在目。它将激励着我，永葆革命的青春。

（本文选自清华大学新闻网）

晋察冀边区政府旧址

抗战老战士张振水

文/郑　雪

“我要当八路军”

张振水小时候，家住在济南郊区的一个村子里。附近驻扎的日本军队十分猖狂，方圆十里便是一个炮楼，经常实行“三光”式的“扫荡”，到村子里搜查是否有共产党员。村民们成天过着提心吊胆的日子，家家户户生活都十分困难。少年张振水没法读书也没法在家种地，萌生了参加八路军的想法。他的叔叔当时在县大队当指导员，负责政治思想工作，一两个月回村一趟。张振水请求母亲等叔叔下次回来时把他带走，要“当八路打鬼子”。母亲答应了他，叔叔也拗不过张振水的决心，带他回到了县大队。十五岁的张振水就这样加入了革命队伍。

在县大队里，张振水是最小的孩子。大队天天晚上到村子里巡逻、站岗。年少的张振水个子又矮又小，跟不上队伍的步伐。队长没办法，解下大腿上的绑带，拴在他的腰上拉着他走。张振水眼看自己在队伍里面发挥不了作用，反倒成了累赘，又难过又着急。于是，叔叔又把他送到了附近的卫生所照顾伤员。

小情报员的难忘经历

卫生所隐蔽在山里面，条件十分艰苦；一共十来个人，除了指导员、司药和大夫，其余的最大不过十七八岁。指导员看张振水聪明灵活，年纪小不容易惹人怀疑，是块当通信员的材料，便委派他传递情报。从卫生所翻两座山岭出来就到了肖里堡，那里有个炮楼，日军经常出来“扫荡”。炮楼里面有我们的地下党员，负责把日军活动的信息传递给附近的谍报站。张振水的任务就是去拿情报，再把情报带给县大队和卫生所。

头一回去拿情报，张振水不认识谍报站的人员，只知道是个背着粪筐的老人。他在村头装作无意地转悠着，下午两三点钟，一位老人和他搭上话，就这样，他完成了第一次任务。

有一天，因为那位老人来得稍微晚了一些，太阳快落山的时候张振水才拿到情报。当时天色已经变了，开始打雷闪电，他刚爬上山坡，天全黑了，几乎什么都看不到。山上的羊肠小道平时就很危险，这时候更是没法走。他趁着闪电划过，看清脚下的路，快跑几步，就这样一点一点往前挪。张振水浑身湿透，又怕又饿，更多的是担心——担心丢了情报，担心误了大事。过了好久他看到前面有灯光，奔着灯光跑过去，敲开门，原来是当地村子的民兵队长。他急着让队长送他回去。队长劝他，夜里爬两座山岭太不安全，还是先住下。张振水裹着队长的破棉袄蜷在灶下面，听着外面雨越下越大，心急如焚，怎么也睡不着；盼到夜间四五点钟时，雨小了，又赶快上路。

回到卫生所，指导员一看情报，说："幸亏今天鬼子没有活动，不然真是耽误了大事。"张振水心想，下回就是下刀子也要奔回来。

走遍南北　迎来解放

1946年，张振水调到河南阳沽县的晋冀鲁豫军区后方总医院当卫生员，负责照顾伤病员。那年他刚满十七岁，翻出当时的照片——这是他当兵以来第一次照相，军服穿在身上还略显宽大，脸上却不见一丝稚气。

之后，部队编入第二野战军，即刘邓大军，后方总医院随着军队转战河南、河北、陕西、山西……直到重庆。药品和病号在马车上驮着，卫生员徒步走着，就是一所流动医院。回忆过往，张振水指着自己的腿，笑着说："就是这双腿，走了十一个省啊，一直走到解放。"

（本文选自清华大学新闻网）

第二野战军

我在白求恩医院工作的岁月里

口述／肖谦科　整理／高建忠　王亚泽　卫亚敏

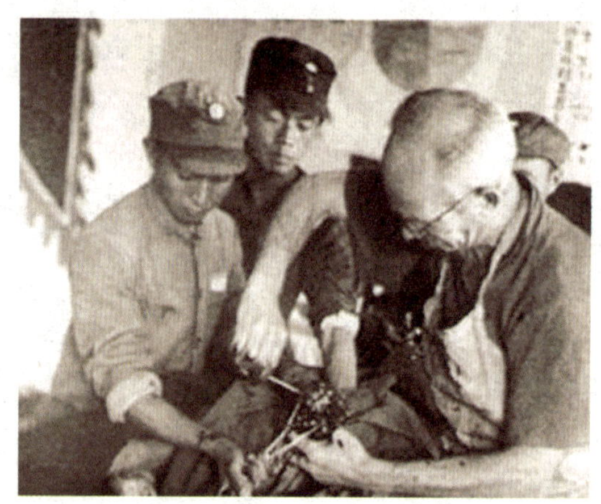

正在进行手术的白求恩

我出生于山西省芮城县城北关村一户贫苦的农家，在我十二岁那年（1935年），父母因光景困难，把我卖给南关尚毓琇当养子。

1937年农历七月间，我听说二战区来我县招收新兵建立抗日武装（山西青年抗敌决死队），非常欣喜。当时我年仅十四岁，为逃离苦海走出一条新生路，我瞒过尚家到招兵处报了名，并被顺利招收。我县当时招收了二十多人。

我们这批新兵步行到垣曲县安驻，在这里统一集训整编了三个月，被命名为山西青年抗敌决死队三纵队第十团（共计十二个团）。我团有三千多人，团长雷震，湖南人，是经过长征的老红军干部。当时，同我一般年龄的小兵有百余人，大多被送到延安上学培养。因我从小经过磨难，显得老成精干，被卫生队领导钱信忠在人员缺乏的情况下留用，分配到卫生队工作。

1937年12月间，我们这支新建决死队三纵队开赴平遥、祁县一带，以游击战抗击日军。我随钱信忠率领的卫生队做伤员救护工作。我军曾一度占领了平遥县城，袭击了祁县西城门外的日办纱厂，缴获了一批军需品及医用棉纱、白布等。1938年，我部奉命转战于上党地区，密切配合八路军总部及一二九师参加了反击日军疯狂“围攻”根据地的战役。我作为一名卫生员，参加了我军伤病员的救护工作。我们三人一组，即主医、助理和递器材、药品人员，严谨快捷，井然有序。战事多伤员多，我们时常夜以继日进行医疗抢救工作。

1940年2月，我经钱信忠科长保送，到白求恩医院学医。

当时，白求恩医院配合八路军抗日需要，在晋、冀一带抗日战场转移流动。这个医院的医生是受国际共产主义组织派遣，到中国援助抗日反法西斯侵略战争的。这批援华医生有十七人，著名人士有加拿大人白求恩、印度人柯棣华、德国人米南、日本人三田一郎等。

时逢战争年代，我们这批学医人员听取业务课程不多，主要是在现场抢救伤员，边看边学，经过实践提高业务技能。

白求恩院长的工作相当繁忙，我们聆听他讲授或见面的机会并不多，但他深刻精辟的言传和率先垂范的身教，都给我们学员留下了刻骨铭心的记忆。

我第一次见到白求恩院长是他给我们学员讲授时政和医学常识。他身材魁伟，衣着简朴，白色透红的长方形脸庞，黄发小背头，炯炯有神的蓝色眼睛闪烁着坚毅、睿智的光芒，给人以威严、慈爱、爽朗的感觉。他用英语讲授，由翻译用汉语转述。他在时政讲授中，谴责了挑起这次世界大战、给人类带来深重灾难的法西斯侵略者，衷心祝愿爱好正义和平的世界人民联合起来共同奋斗，争取早日赢得反法西斯战争的伟大胜利。

他在医疗救护专业讲授中，除传授职业技能外，一再教诲医德准则：“把病人的痛苦要当作我们的痛苦一样对待，万万不得有一丝一毫地含糊了事。”

他还教导我们：“作为一个医务人员，要经得起超凡的苦累，要敢面对一盘血脓，有不怕牺牲的精神，才能救死扶伤。这是我们每一个医务人员应具有的良知和道德。”

1940年百团大战开始后，我们这批学员同白求恩医院的医务人员密切配合，夜以继日地进行了伤病员的抢救工作。

白求恩院长更是繁忙不已。他除了组织领导工作外，还要亲自做不少重伤病员的手术。

我们的战地抢救工作虽然又苦又累，但在火热的政治生活的鼓舞下，想到前线浴血奋战的将士，想到国际共产主义战士白求恩等人无私无畏为抗日战争舍生忘死地拼命工作，就都能以苦为乐，以累为荣。

当时，抢救工作的困难是难以想象的，医疗器械和药物及用品奇缺。如抢救所用的夹板、牵引架等都是自造自创的，虽简陋却适用。做手术所用的

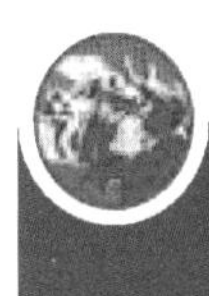

消毒剂，别说酒精，就连盐水也没有。消毒员只能以当地的霜白土（盐碱土质）熬出的水使用，用粗麻煮煮当纱布用。有从前线缴获的日本重机枪的空子弹袋，我们就拆下纱布，留给重伤员包扎时用。

白求恩院长时常骑一匹黑色大骡子奔走于流动医院及抢救战地。骡背上搭一个桌形鞍子，上面略平，两侧有放医疗器械的抽屉，命名为“卢沟桥”。他每到现场，下了骡子，放下“卢沟桥”支起，取出器械就可以进行抢救工作。白求恩院长的“卢沟桥”不知抢救了多少抗日的八路军将士……

白求恩医院的医务人员及我们这批学员，在白求恩院长的言传身教及高尚品德感召下，每个人都以热忱、认真、精心、至诚的精神，对伤病员进行救死扶伤的医疗护理工作，使他们尽快康复，重返抗日战场。

1941 年 2 月，我们结束了为期一年的艰苦的学医经历，回到原卫生队继续工作。1942 年 7 月，我们卫生队驻扎在山西武乡县的砖壁村。当得知白求恩院长因公殉职的噩耗后，大家都悲痛不已。在一二九师卫生部钱信忠部长主持下，我们举行了隆重的追悼大会，深切悼念这位伟大而平凡的国际共产主义战士。白求恩永远活在我们心中。

（本文选自《文史月刊》）

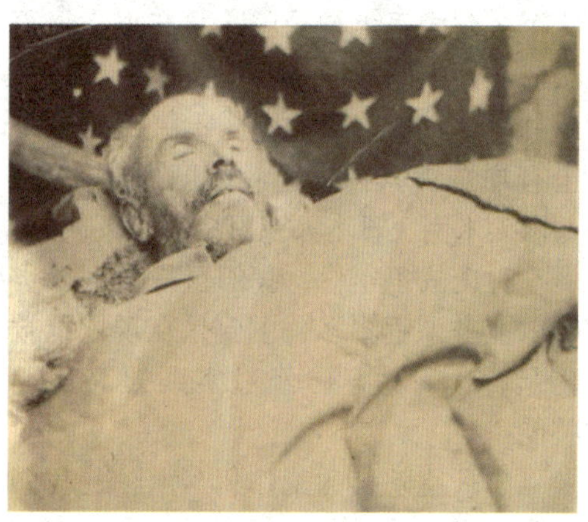

白求恩遗容

入朝英豪拾“刀枪”

文 / 恽前程

1950 年 10 月 19 日，中国人民志愿军秘密跨过鸭绿江，赴朝参战

一

1952 年初，我任二十四军教导大队队长，6 月被调到华东军区高干训练班任教员，我的任务是讲团的进攻防御战术。

7 月底，二十四军军长皮定均从朝鲜回国，得知我在轮训班当教员，当晚就来看我。皮军长心直口快，一见面就说：“听说你不爱在二十四军干了？”我连忙分辩。他说：“你回去吧。”我说：“不打仗我不回去！”“部队要入朝参战，你回去不？”我一听入朝，忙说去。“那么现在就回去。”军长笑着说道。结果第二天早晨，轮训班领导就把火车票交到我的手里，限我下午 4 时前到二十四军军部报到。

报到以后，军长说：“你到师里当副参谋长行不行？”我说不去，我要下团。军长就叫我到七十二师二一四团，这个团是甲种团、主力团。我到二一四团不到一个星期就带了一批战斗骨干随孙伯威参谋长去了朝鲜。在朝鲜中线十五军二十九师的防地，见到了张显扬师长等人，我被分配到八十六团，团部在五圣山山顶北侧四十米的坑道里。

上甘岭战役中，十五军的四十四、四十五、二十九这三个师轮番上阵，与装备占绝对优势的敌军展开殊死的战斗，守住了阵地。在战斗中，涌现出很多黄继光式的战斗英雄。美、李伪军由于在进攻中伤亡很大，称上甘岭是他们的“伤心岭”。团长又花了三天时间带我们到各营一、二线阵地看了一下。团长对我说：“我们准备派小部队夜袭597.9高地东南一千米的小高地。”我说：“我们能否派一名战斗骨干参加夜袭？”团长说：“可以。”1月17日，小部队（一个班）夜袭敌小高地，歼敌一个排。战后，八十六团团长对我说：“你们那个战斗骨干很勇敢，很机智、灵活，一个人就炸毁了敌人几个地堡，毙敌十余人，俘虏了一个伪军。”

我们在八十六团虽然仅待了十几天，但对如何对美军作战有了初步的认识。

二

二十四军大部队入朝，驻扎在元山地区，我回到部队。元山是朝鲜东部一个海港，当时，敌人想在东边元山、西边仁川同时登陆，配合正面作战，企图消灭志愿军和朝鲜人民军。对此，志愿军调整了作战部署，加强东西海岸的抗登陆作战准备。我们师接防二十三军一个师的海岸防御阵地，当时，敌人的军舰、飞机经常对我海岸防御阵地进行轰炸、炮击。在元山港东边有一个小岛是美军占领的，美军常在小岛上进行登陆演习。为此，皮定均军长命我组织连规模的抗登陆实兵演习，全军连以上干部都要来观摩演习。后来的实兵演习十分成功，皮军长指示观摩干部：“我们现在要打海岸防御抗登陆作战，这是一个诸兵种协同作战。要抓紧抗登陆作战准备，同时要加强反空降、反坦克的训练。”

由于我们团的电话，上到师，下到营连，电话线都不够，我见公路上有被敌人炸断的电话线，就派电话班去收电话线，用来补充。没想到被朝鲜地方告到九兵团，九兵团查到是我团收的，说我违反“不拿朝鲜人民一草一木”的纪律。尽管后来没有给处分，但将我“违纪”事件通报了全军。

三

1953年1月，我军奉命调至朝鲜中线五圣山、金化、平康一线。元山到朝鲜中线四百里，时值隆冬，冰雪封地，气温在-40℃～-30℃，战士背负六七十斤的行装，迎着刺骨的寒风，经过十余天的夜行军，翻山越岭，通过敌人几个飞机轰炸的封锁区，于1953年1月17日进入了上甘岭地区。我团接替了十五军二十九师八十六团的防御地，并顺利完成交接。我们进入阵地后，一面做好作战准备，一面改善阵地工事。597.9高地在上甘岭战役中多次遭到敌机轰炸、炮兵轰击，阵地表面的坚石被打成一到两米深的松土。我们在八十六团构筑工事的基础上，遵照军部指示，先完成表面阵地的交通壕、战壕、掩体、防炮洞等工事，接着挖坑道，将马蹄形的坑道连起来。原有的坑道距地面太近、太浅，经不起敌机重磅炸弹的轰炸，我们又在离地面三十米以下挖坑道，每条坑道宽要1.2米，高要1.7米，每条坑道要有两个至三个坑道口，坑道口高度要1～1.5米，将新坑道与原有坑道连起来，并要做到坑道的防火、防毒……

开始坑道作业时，由于没有专用工具、炸药，既缺乏技术指导，又没有经验，困难很多。部队发动群众出主意想办法，采取了许多行之有效的措施。例如，用自制打铁的火炉子打钢钎，收集未爆炸的炮弹和炸弹，将炮弹、炸弹内的炸药取出来使用，但这是很危险的，有一个通信员坐在炸弹上取炸药，就把炸弹引爆了。没有运输、通风设备，靠人背、扛，把洞内的碎石运出洞外，自制土风扇通风。整整干了两个多月，完成了以坑道为骨干的支撑点式的防御工程体系。皮定均军长来我团检查坑道作业情况时给予了肯定，说："你们的坑道挖得很好，你们要从前哨阵地把坑道挖到敌前沿的突出阵地，以便作战时，消灭敌人。"

为了弄清敌纵深阵地的情况，九连八班副班长率五名战士夜间潜入敌第一、第二阵地之间，侦察敌人阵地周围的情况，在侦察中抓了三十团一营的传令兵，敌人发现后，立即出动向我军猛攻。副班长命战士押着俘虏原路返回，他一个人在后面掩护，歼灭了十几个敌人，当子弹、手榴弹打光时，他把唯一的一颗手雷拉响与敌人同归于尽。之后，我们又组织了七八次到敌后侦察。我也亲自率领一个班进入敌后侦察情况。

四

遵照军部"先打一个班，后打一个排，积小胜为大胜"的指示和八十六团夜间攻击的经验，我们组织小部队出击敌前沿阵地的突出阵地。我们先选择了离我二号前哨阵地四十五米的小高地（我们叫它红土包）。红土包有敌一个加强排，筑有四十几个地堡，地堡外有立桩式、囚笼式铁丝网各一条，我三营九连一个班经过多次侦察、观察，在山野炮二营支援协同下，夜间分两路夹击红土包，经过十二分钟的战斗，全歼伪九师三十团三营四连一个加强排五十七人，生俘四人，炸毁地堡四十一个。我们又

多次组织小部队夜间攻击，十一次全歼前哨阵地之敌，其中四次攻歼红土包守敌。从而取得了变被动为主动和小部队的作战经验。

战斗中的志愿军战士

志愿军发起夏季攻势前，师里命我团攻歼敌一线阵地的前沿阵地之敌。我选择了青石山、马鞍山和金化北一个突出阵地，命三营攻歼青石山守敌、二营攻歼马鞍山守敌、一营攻歼金化北突出阵地守敌。青石山是一个腰形阵地，山高九十余米，南北长五百米，东西宽十到二十米，由伪九师二十八团的一个加强连守备，阵地工事筑有地堡八十四个，地堡外设有通电的滚动式、网笼式铁丝网，有音响的各类铁丝网三至五道，铁丝网外有拉雷、绊雷、踏雷和电发雷，并可以得到左右后侧的敌三面火力支援，探照灯、照明灯彻夜不熄，距我方 597.9 高地三号至四号前哨阵地一百五十余米。我们把冲击出发地选择在青石山的山脚下，先挖好藏身的猫耳洞，攻击前，隐蔽进入猫耳洞。我们把炮兵二营的山炮推到一线阵地，对敌目标进行直接瞄准射击的准备。炮火准备后，各班向预定目标攻击，经十五分钟战斗，全歼敌一个加强连二百余人，俘虏二十一人，摧毁了敌人地堡和铁丝网。接着二营攻歼马鞍山守敌，一营攻歼金化北一突出阵地守敌。在夏季攻势中，我团二次攻歼青石山等处守敌。

6 月中旬，志愿军组织金城反击战役，九兵团召开团长以上作战会议，下达各军作战任务。皮定均、张震军首长命我团掩护战役准备，对当面之敌突出阵地发起攻击，歼敌占领阵地后，要抢修工事，打敌人的反扑，吸引敌人越多越好。我受命后回团经研究，即命三营攻打红土包、青石山，二营攻打马鞍山，一营攻打金化北突出阵地。6 月 25 日夜 11 时，在炮兵火力准备支援、掩护下，对敌发起攻击，全歼四地的守敌四百余人，生俘敌二十四人。

攻歼守敌占领阵地后，团党委开会讨论是否固守攻占阵地。大部分人认为打敌反扑伤亡大，攻歼守敌伤亡小，讨论决定撤回攻击部队，以后再歼灭上述守敌。军长皮定均接到报告，急了，把电话直接打到团里找我讲话，开口便骂："你这混蛋，谁让你们撤的？我交代你们的任务你忘了吗？你敢把部队撤下来，我要撤你的职！"我不好说是团党委讨论决定的，就说："我错了，明天晚上再攻，攻不下，首长再撤我的职，我愿军法处置。"他气呼呼地说："明天攻，不就又增加伤亡吗？”

因为这几个阵地我们已经打了好几次，对敌阵地地形、工事都清楚了。第二天凌晨4时，各营在炮兵强大火力支援掩护下对青石山、马鞍山和金化北突出阵地之敌再次发起攻击，经过四十五分钟激战，全歼各点守敌伪九师六百余人，俘敌四十余人，我军伤亡四十余人，然后构筑工事固守打敌反扑。在攻歼青石山战斗中歼敌两个连，俘虏三十团三营十连连长。这是我团入朝作战以来第一次俘虏敌人连长，军长命我把俘虏送到军部。

6月27日，敌伪九师、美三师在十几架飞机、炮兵和几十辆坦克火力支援掩护下，连续向我占领阵地反扑，从班到连数十次，均被我坚守部队打下去，是日歼伪军五百余人，美军一百余人。敌人的反扑一直到7月13日，向我方进攻达千余次。尤其对青石山阵地，五天成营成团地向我反扑百余次，占我青石山南端和中部阵地，我九连退守到青石山南端，继续阻击敌人。7月10日晚，我一营对敌反击，将敌逐出青石山阵地。在青石山、马鞍山、金化北突出阵地打敌反扑的作战中，我团共歼敌四千五百余人，俘敌二百人，其中青石山一地就歼伪九师三千三百二十三人，俘连长以下一百六十余人。我们也付出了很大代价，伤亡一千二百余人（牺牲三百余人），阵地前推一公里多。

在金城战役发起后，师部命我们团守住现有阵地，向敌一线主阵地出击，并协同二一六团攻歼占领537.3主峰和主峰正南各无名高地和阳地村南山一些阵地。我们团完成了任务。在出击的同时，我认为团里还有两个有战斗力的营，攻歼五圣山对面的鸡雄山，歼美军空降兵八十二师一八六团一个营是有把握的，于是我命令一、二营进行攻击准备。后来军长知道了，来电话责问我：“谁叫你打鸡雄山的？你们团打敌反扑伤亡很大，哪里还有力量打鸡雄山？真自不量力！当前你们的任务是守住新占阵地！”我只好放弃打鸡雄山，就地坚守新占阵地。

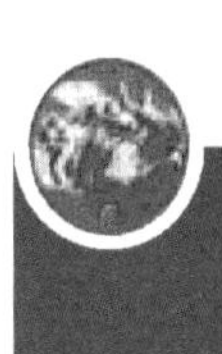

五

战斗是锻炼士兵最好的办法。

在我团最后一次攻击青石山前，师部给我团补充了一部分新兵，其中有三名是上海城市兵，我问他们在哪里受过新兵训练，他们说：“没有。”我问：“你们会打枪吗？”他们说：“不会。”我就命特务连一个班长教他们打枪、投手榴弹，一人打三发子弹，投两颗手榴弹。他们被分配到九连八班，班长对他们说：“我是班长，一切行动听我指挥，不懂不会的要随时问我。”攻青石山前班长叮嘱他们，在攻击中只准前进，没有命令不准后退。战斗发起后，九连在攻歼青石山守敌时，八班同时攻歼青石山东南一个大地堡，在攻击中，班长和副班长、老战士都牺牲了，他们三名新兵占领大地堡，在失去指挥的情况下，他们牢记班长的话——没有命令不许后退，在大地堡中待命，多次打退敌人的进攻。九连攻占青石山后，未见八班报告战斗情况，以为八班在攻击中全部牺牲了。第四天，这三名新战士带的干粮都吃光了，子弹也剩下不多了，他们夜晚便到地堡外敌人的尸体上，找到饼干、罐头、水壶，把敌人的枪支弹药也都捡了回来，用捡回来的枪支弹药打退敌人进攻，坚守地堡。没有水喝，只有下雨天才能在坑道里接雨水喝。就这样，他们坚持了

志愿军在境外小路上行军

十多天。后来九连连长觉得敌人常向大地堡发动攻击，认为大地堡可能有我们的战士，就派一个战斗小组前去联系，结果被他们打了回来；后又派一个副排长率战斗小组和副连长率一个班前去联系，也被打了回来。

后来三名新兵讨论怎么办？决定派一个人到北面去找部队。一名新兵到青石山南端向上爬，我军哨兵发现有人，问："是谁？"新兵回答："是我。"哨兵一听是中国人的声音，便报告班长，班长带人下去一看是我们的人，便把他带回排里，新兵说："地堡里还有两人。"班长按他们约定的联络信号，又带人下去接地堡中的两名战士。他们饿得太厉害，要吃的。班长认为他们饿了好几天，不能吃馒头，煮米汤给他们喝了一天；能吃饭了，就把他们送到师野战医院。师长知道这件事后，大发雷霆："有三名新战士坚守大地堡，你知道吗？你这个团长怎么当的？"

营里给这三名新战士记了三等功。

六

二十四军入朝作战时，后勤供应已经有了很大的改善，所以我们部队没有"一把炒面一把雪"。部队一般都能吃上热菜热饭，作战时，一般都能吃压缩饼干和罐头。

当时全国人民支援抗美援朝的热情很高，祖国慰问团来我们团好几次，著名的豫剧表演艺术家常香玉也来过，她唱的《木兰从军》真好，很鼓舞人。但我又特别担心，生怕这些名人出事，因为敌人炮击、轰炸不断。有时朝鲜方面也来慰问，我们就招待他们吃饭喝酒。

停战以后，我被调到志愿军九兵团任作战副处长、代处长。当时九兵团代理司令员是王必成将军，指挥五个军，三个军担任朝鲜中线阵地防御，两个军大部帮助朝鲜搞建设。1955 年 5 月，九兵团奉命撤回国内。

（本文由北京新四军研究会供稿）

黄洋界的炮声

文 / 陈晃明

陈毅安

我的父亲陈毅安，在1930年8月7日的一次战斗中身中四弹，牺牲了。父亲牺牲时年仅二十六岁，那时我还没有出生。

毛泽东主席在《西江月·井冈山》一词中写下了“黄洋界上炮声隆，报道敌军宵遁”的名句。当时，我的父亲就在一线作战，任红四军第三十一团副团长兼第一营营长。

1928年8月26日，当父亲正在井冈山下发动群众，巩固和扩大革命根据地时，突然接到团长朱云卿、党代表何挺颖的命令和毛泽东的一封信。信中说，他和第三营营长伍中豪、党代表罗荣桓带领第三营向桂东方向迎接大队去了，要父亲一定要保卫好井冈山大本营。军情紧急，父亲当即决定，亲率第一和第三两个连及团直属队上井冈山，命令第二连连长张宗逊、副连长韩伟在山下游击，配合山上部队作战。

上山后父亲做了周密的准备，严阵以待，29日部署完毕：一连为左翼，三连为右翼，袁文才的第三十二团作为预备队负责瞭望、警戒和侦察。30日清晨战斗打响，一连连长陈伯钧负伤，大腿被敌弹击穿，动弹不得，被送往小井红军医院治疗。在前沿阵地上指挥作战的是党代表刘型。战斗激烈，我军一共击退了吴尚湘军的三次进攻。副营长谭希林负责防御工事的修建，一共构筑了五道防线；第三连连长陈士榘负责右翼一线指挥，与敌军最近时相距只有几十米；父亲指挥作战；营部组织干事邓华协助负责全营的组织调度；营部秘书谭政就站在父亲的身边，随时传达和执行命令。

谭政传达命令，指派第三连党代表朱良才，通知茨坪修械所和第二十八团迫击炮连司务长刘显宜，火速把正在那里修理的迫击炮送到阵地上来（红四军成立后将仅有的几门迫击炮集中在第二十八团，组建了迫击炮连；当时的司务长负责军械装备的修理和后勤工作）。刘显宜和修械所的同志们将炮和仅有的三发炮弹扛到阵地上，在谭希林和谭甫仁等人的协助下构筑阵地、装定射击诸元、做好射击准备。之后，父亲发布命令："各就各位，预备，放！"第一发炮弹由于受潮没有打出去。第二发炮弹虽然打出去了却偏离了目标，还是一枚哑炮。父亲沉思片刻后，亲自上前把迫击炮的方位角和高低角修正了一下，然后发出命令："放！"刘显宜将炮弹送入炮筒，只听到"轰"的一声，炮弹飞出去，正中目标，将山下一间不断有人进出的房屋炸毁了。

后来才知道，这是吴尚湘军设在源头村廖家祠堂的指挥所。顿时，黄洋界上摇旗呐喊，欢声雷动。在山下活动的张宗逊、韩伟第二连趁势突然出现在吴尚部队面前。敌人听到炮响，又看见附近出现红军，误认为是红军的主力打回来了，吓得仓皇向酃县退去。

事后谭政到弹着点查看，只见满地都是血迹，炸死敌二十多人，其中团长一人。谭政问父亲："第三发炮弹为什么能够打中呢？"父亲回答："前两发炮弹打的是活动目标，目标至迫击炮的水平和垂直距离是估计的，不准确。第三发炮弹打的是固定目标——吴尚的前线指挥所廖家祠堂，该目标相对迫击炮的坐标参数我早已知道，据此射击精确无误，所以能命中目标。"

谭政后来对我说："你父亲是湖南省立第一甲种工业学校的毕业生，有坚实的数理基础，还在汉阳兵工厂搞过军工生产，对迫击炮的构造和性能很熟悉，又在黄埔军校第四期学过炮兵技术，有丰富的实弹射击经验，是一名优秀的炮兵指挥员。"

（本文选自中国军网）

黄洋界（朱德题）

父亲的“勃朗宁”手枪

文 / 卢江林

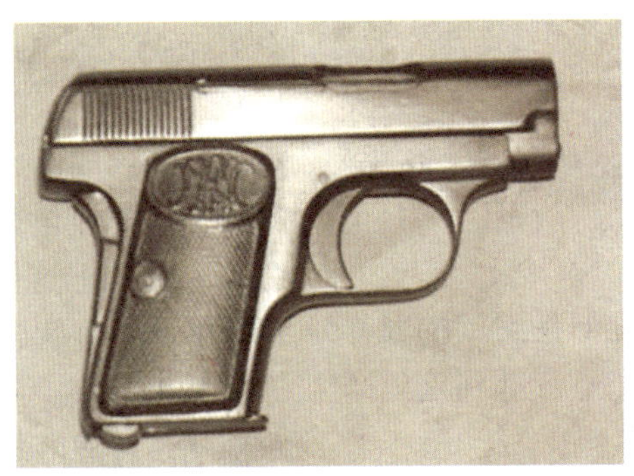

比利时一九〇六式勃朗宁袖珍手枪

卢来发（1909 年—1998 年），1929 年参加红军，1930 年加入中国共产党。红军时期历任战士、班长、排长、指导员、连长、代营长、团总支书记、团政委；抗日战争时期历任营长、游击支队长兼政委；解放战争时期历任保安总队长、团长、副师长。荣获二级八一勋章、二级独立自由勋章、二级解放勋章、二级红星功勋荣誉章。

我的父亲卢来发是 1929 年入伍的老红军。他一生参加过大小数百次战斗，负过七次伤。中华人民共和国成立后因战伤复发，被评为二等甲级伤残，离职休养。

父亲有一把手枪，他离休以后一直珍藏在身边。

这是一支比利时 FN 公司生产的勃朗宁 M 一九〇六袖珍手枪，枪身长 11.4 厘米，口径 6.35 毫米，装弹六发。勃朗宁放在一个成年人的掌心里还绰绰有余，小巧得简直像一把儿童玩具手枪，因此它的绰号叫“宝贝”。

父亲告诉我，这把手枪原来的主人是一个国民党军的少将，并给我讲了这把手枪的来历。

1947 年 10 月，我东北野战军秋季攻势展开。当时父亲在十纵二十九师八十六团当团长。10 月 16 日，八十六团奉命奔袭乌拉街，急行军六十公里后，我军将乌拉街团团围住。

乌拉街距吉林市中心三十公里，南望龙潭山，北衔凤凰阁，西临松花江，东依长白山余脉丘陵，是吉林外围的一个重要据点。当地老百姓说：“大大乌拉街，小小吉林城”“先有乌拉街，后有吉林城”。这是因为乌拉街在历史上曾是乌拉国的都城，当时的繁荣程度和政治地

乌拉街魁府

位都超过吉林城。乌拉街是满族的发祥地之一，清朝有好几个皇帝都到这里来祭祖朝拜过。

当时乌拉街守军为国民党第二突击总队，一千余人。其成员多系伪满时期的警察、宪兵、特务及反动地主、惯匪等，政治上十分反动。日伪时期这里就构筑了比较坚固的防御工事。其外围有两道土城，两道堑壕，核心工事位于白花点将台（相传这里是古代乌拉国白花公主点将的地方）。高台周围挖有宽两丈、深一丈的外壕，壕外还有三道铁丝网，壕底有梅花桩。

17日凌晨5时30分，父亲下达了攻击命令，经过两个小时的激战，我一营和二营攻入城区，歼敌一部，并占领了居民区。敌守军大部退入白花点将台核心据点，凭借坚固的工事负隅顽抗。我一营、二营进攻受阻。这时，父亲命令以朝鲜义勇军大队为基础组建的第三营投入战斗。三营营长张教德指挥战士们冒着敌人的炮火，用秸草将壕沟填平，越过壕沟冲到白花点将台下。敌人忙向堑壕投燃烧弹，点燃了堑壕中的秸草，烧断了我军进攻的通道。没想到刚好碰上逆风，大风把火舌吹到台上，点燃了台上的古建筑。敌军阵脚大乱，烟熏火燎，敌人无法忍耐，企图从西南角突围，又被我一营火力堵回。敌军无奈，只好缴械投降。下午4时，战斗结束。我军全歼敌第二突击总队，毙敌两百余人，俘敌八百余人，活捉敌第二突击总队少将总指挥项成信、少将副总指挥陈经纬。项成信的这把勃朗宁“宝贝”也被我军缴获，部队把这件战利品配发给父亲使用，从此，它就成了父亲的“宝贝”。

后来的多少年里，这把手枪就一直跟随父亲转战南北，参加了吉林外围战、公主屯歼灭战、法库歼灭战、开原攻坚战、辽沈战役中的黑山阻击战和辽西会战。

父亲去世以后，作为子女，我们没有权利再保留这把手枪。尽管大家都很舍不得，我们还是决定把它捐给博物馆。妹妹江虹主张把它捐给北京的军事博物馆，因为它是我军最权威的专业博物馆。弟弟江浩主张捐给锦州的辽沈战役纪念馆，因为这把枪是在东北缴获的，父亲又参加过著名的黑山阻击战。

我主张捐给天津的平津战役纪念馆。我说，这把枪的故事是从俘虏两个国民党军少将开始的。它跟随父亲参加了平津战役，还是让它在天津安身吧。江浩、江虹以及妹妹江利、弟弟江滨都同意我的提议。

现在，这把勃朗宁被天津的平津战役纪念馆收藏。

（本文选自《解放军报》）

于永贤——千里跃进大别山的开路先锋

文/白　雁

于永贤

于永贤（1922年—2005年），河北临城人。1937年11月参加革命，1938年1月加入中国共产党。抗日战争和解放战争期间，历任太行军区内丘独立营特派员，二野六纵十八旅教导员、组织科长，团副政委，参加了汤阴、定陶、襄阳等战役。中华人民共和国成立后，1951年参加抗美援朝作战，担任志愿军第十二军三十四师一〇六团政委，师政治部副主任。

大别山

挺进大别山，他和战友们打前卫

在于永贤的军旅生涯中，部队千里挺进大别山是惊心动魄、浓墨重彩的一笔。

1947年7月，时任营教导员的于永贤所在的晋冀鲁豫野战军刚刚结束鲁西南战役。按照中央的战略部署，这支部队要迅速挺进大别山，为夺取解放战争的胜利创造有利条件。但是，从鲁西南到大别山相距千里，怎样才能在对方还未判明我军意图前，迅速挺进大别山？

为此，野战军首长刘伯承和邓小平决定兵分西、东、中三路前进，其中，中原局、野战军指挥部，和二纵、六纵为中路。当时，十八旅五十二团是中路纵队的前卫团，于永贤所在的一营则是五十二团的前卫，其任务是为中路纵队主力开辟挺进通路。8月7日，部队迅速向大别山进军，一路战顽敌、开通路，至19日已经跨越黄泛区，渡过沙河。蒋介石得知后，急令国民党军围追、堵截，阻止刘邓大军。

8月23日中午，五十二团刚刚渡过汝河，就发现国民党八十五师和六十四旅已到达汝南埠一线，我军南进道路被截断。而从北来的追兵也有十几个师，其中最近的三个师与我军仅距二十五公里，形成包围态势。情况十分紧急！刘、邓首长直接来到十八旅指挥所，要求部队贯彻“狭路相逢勇者胜”精神，不惜一切代价，坚决打过去。

8月24日凌晨2时，在友邻部队配合下，五十二团九个连组成四路纵队，轻装上阵，经过激烈的攻击和拼杀，撕开了一条长约五公

解放战争初期的于永贤和妻子许书文

上甘岭战役

上甘岭战役

里、宽约三公里的通道。随后，刘、邓率领中路部队迅速渡过汝河，顺利突围。

汝河之战，是挺进大别山途中最关键、最重要的一次作战。刘伯承、邓小平高度评价了汝河战斗，称赞：“这一仗打得好！”

鏖战上甘岭，灵活运用战术巩固阵地

上甘岭战役是朝鲜战争后期的一次重大战役，时任志愿军第十二军一〇六团政委的于永贤，率部参加了这场震惊世界的战役。

那是1952年11月5日，于永贤担任政委的一〇六团正在返回休整的路上，突然接到上级的命令：“做好参加上甘岭战役准备”。

部队迅速集结，并于11月17日晚抵达上甘岭，投入战斗。经过三昼夜持续的拉锯式争夺，一〇六团伤亡很大。如果照原先的打法继续下去，整个团不出五天就会失去继续战斗能力。

团党委及时分析战情：这是一次现代化的阵地攻防战，在仅有3.7平方公里的地面上，每日落弹多至二十万发以上；敌机活动日达两百架次，并以千磅以上重磅炸弹向我军阵地倾泻；坦克则以每日三十至七十辆轮番向我军阵地抵近直接射击。我军阵地上的坚石坑道，原都在十米以上，而现在表面工事全部被摧毁，山头也被削平了三米。团党委认为应该改变原先的打法——第一，在主要阵地上，改用小分队兵力在纵深炮火支援下，与敌反复争夺，大量杀伤消耗敌方兵力。第二，在次要阵地上，能守则守，不利于守则打了就走，再用炮火加以控制。第三，自下而上抢修坑道工事，保存有生力量，并依托坑道近距离反击敌人，恢复和巩固表面阵地。

1952年上甘岭战役时的于永贤

上甘岭

随后，团长武效贤与政委于永贤一同紧急赶往上级指挥所汇报新方案，得到了上级的支持。实践证明，改变打法的方案实施后获得了完全的成功。至12月15日，一〇六团坚守阵地，鏖战二十八天，共毙伤敌四千五百余人，取得了上甘岭战役的最后胜利。

（本文选自《现代快报》，有删节）

舍命穿梭“鬼门关”

——南侨机工王禄昌

文/宋　菁

一个选择，改变了他的一生，可是他不后悔。他是当年回国抗战的南侨机工——王禄昌。

国难当头应征急回国

王禄昌是海南人，1924年，十三岁的他投奔堂兄，去了新加坡。他在新加坡学习修车，技术精湛，每个月的收入有几百大洋。

1938年，中国的抗日战争进入第二年。10月，武汉、广州沦陷后，东南沿海各交通口岸均被日军占领，后滇越铁路亦被切断。作战中军用物资消耗很大，急需补充。当时，有数万吨军需品囤积在缅甸的仰光、腊戌、曼德勒等地，各国援华和海外华侨支援抗战的物资也需火速运到国内。这时，中国大西南地区陆路对外交通只剩下一条通道——滇缅公路，这条路成了中国坚持抗战的“生命线”和“输血管”。日军为了卡死这条通道，不断出动飞机，对它进行破坏性轰炸。并在日本电台叫嚣：“中国的国际通道三个月没有通车希望！”

为使滇缅公路畅通，尽快将境外的大批军用物资抢运回国，中国需要几千名技术精、不怕苦、勇于献身的汽车司机和汽车修理技工，而国内一时无法解决。

南侨总会接到消息后，即发出了《征募汽车修理、驶机人员回国服务》的通告。和其他应征的机工一样，二十八岁的王禄昌热血沸腾，他义无反顾地报名抗日，还捐出了自己全部积蓄。

当时的规定是，报名要检验驾驶执照。许多青年没有，便急忙练习，考取执照。报名的年龄为二十至四十岁，但却有不少不满二十岁或年过半百的人隐瞒年龄报名。报名限男性，却有一些妇女穿着男装来报名。

运输任务与死亡相伴

南侨总会共组织了大约三千人回国，王禄昌是第二批回国的。他们总共为国家带来了一百辆汽车。王禄昌当时既会开车，又会修车，年纪也比很多人大，已经二十八岁了。他技术很好，只要一听到汽车声，就知道有没有毛病。当时西南运输处的领导冯君锐很赏识王禄昌。

滇缅公路上空常年盘旋着日军的轰炸机，运输工作的危险不言而喻。和千名华侨机工一样，王禄昌也有着最深刻的惊险回忆。那天，王禄昌和往常一样在滇缅路上运送物资，身边坐着妻子和三个月大的女儿。刚上了高山，就遇到

滇缅公路上忙于施工的民工

了日军的战机。一枚炸弹击中了王禄昌驾驶的汽车，汽车着火了！但是山路狭窄，只容得下一辆车通过，王禄昌的车是带头车，如果弃车逃走，或是停下车来灭火，那后面的车辆就会全部堵塞，而所有用于抗战的武器和粮食也有可能被全部销毁。情况异常紧急！

为了保住物资，也为了保全妻子和女儿的性命，王禄昌将妻子和三个月大的女儿推下车，独自一人继续驾车前行。后来，王禄昌的大女儿感慨道：“幸好爸爸技术好，驶得快。到了两座山中间路宽的地方，他才把车停到一边扑灭了火，自己的性命也才惊险保住。”机工的生活异常艰苦，由于战斗激烈，所需补给“十万火急”，而运输任务必须限期限量完成，不得有任何贻误。由昆明至下关往返八百二十四公里，限三十六小时内连装带卸运完。在紧张的运输途中，有时车坏了一时不能修好，就要困在渺无人烟的荒野中，干粮吃完了，只得以生竹笋充饥；没有水，就取泥浆澄清后解渴。

除了忍受炮火和饥饿，传染病也威胁着机工的生命。滇缅公路沿线也是可怕的疟瘴地区，各种传播疟疾的疟蚊猖獗，日夜袭人。尤其是被人称之为“头摆子”的恶性疟疾，得病的十人当中有九人会死亡。而当时的医药极端缺乏，疟疾几乎就意味着死亡。据悉，在三年多的运输生涯中，有上百名南侨机工，就因染上疟疾而病故。

历史应当铭记南侨机工

抗战期间，艰难的环境让这些机工结成了生死之交。遇到困难的时候，战友们总会互勉互励：“华侨统统有！”这个口号在战友间广为流传。

抗战结束后，王禄昌选择留在了祖国。1956 年，王禄昌和妻子入了党。

南侨机工是中国抗战历史上最为悲壮的群体，他们为祖国付出的爱国热情，历史将会铭记。

（本文选自金羊网）

竣工后的滇缅公路鸟瞰

一位八路军基层指挥员的抗战故事

文/陈建军

张家峪攻坚战

1940年9月下旬，百团大战进入第二阶段。晋察冀军区发动的涞灵战役全面展开，右翼纵队在一分区司令员杨成武的指挥下，攻克了涞源县境内绝大多数日军据点。面对八路军的强大攻势，日军在与武器装备远远落后于自己的八路军作战时，居然惨无人道地施放毒气，想以此来阻止终将被彻底打败的命运。

9月24日，临时归杨成武指挥的三分区二团在团长萧思明的率领下，一举攻克日军重要据点三甲村。战斗刚结束，二团还没有来得及休整，杨成武司令员下达新的作战命令：二团抓住有利战机立即行动，攻打日军另一个重要据点张家峪。

张家峪是涞源县城与插箭岭之间交通要道上的主要关卡。涞源县城日军进犯根据地只有三条通道——插箭岭、三甲村、白石口。三甲村、白石口已被八路军攻克，只要再拿下张家峪，截断通往插箭岭的公路，就会给日军进犯根据地造成极大困难。

张家峪不仅是日军进犯根据地的交通关卡，而且是日军的战备物资供给站。日军三轮大队在张家峪设置了军需仓库，储存了大批枪支弹药、被服、粮食、药品和日用品。张家峪据点在作战中的地位不容置疑，日军驻扎一个整建制中队（一百多人）和大批伪军日夜守护，严密防范。友邻部队曾数次攻打张家峪都没有成功，这次攻歼的任务落到三分区二团肩上。

“同志们！”在战前动员会上，萧思明团长兴高采烈地说，“只要拿下张家峪，我们二团就会过一段好日子，这次我们一定要连汤带肉一锅端！”陈玉祥首先发言：“打三甲村，我们七连啃的是硬骨头；这次打张家峪，团长肯定会给我们一块大肥肉吃。”陈玉祥是连长中的老资格，跟随团长时间最长，在团长面前说话最坦然也最有理，他使劲抽了口烟接着说：“我正在为弹药补充和冬季棉衣发愁，萧团长，照顾照顾我们七连。”陈玉祥的发言逗得大伙儿哈哈大笑。攻克三甲村后，二团士气大振，营连干部个个情绪高涨，神采飞扬，对攻打张家峪充满信心。萧思明团长假装有点不高兴，指着陈玉祥说：“你这个陈玉祥，一开口就是你们七连，不管七连八连，有本事的吃肉，没本事的喝汤！”营连干部异口同声：“我们也要吃肉。”二团上下个个摩拳擦掌，决心再接再厉，一举拿下张家峪。

听说二团要攻打张家峪，被日军长期祸害欺负的老百姓们感到欢欣鼓舞，他们奔走相告，全力支持。涞源县、区党委和抗日政府迅速组织了运输队、担架队，随时听候部队派遣。临近的乡亲们还准备了干粮、木板和柴草，以备二团攻打张家峪时使用。

张家峪位于涞源县城西南方向十多公里的一个山口，村庄布局呈东西方向。日军战备仓库设在村中心一个高墙大院里，院墙筑有明碉暗堡。村庄东西两头，分别筑有一高两矮三个碉堡，碉堡之间有通道相连，碉堡外围挖了又宽又深的壕沟，壕沟外还设置了铁丝网、鹿砦；村庄四周山上都设有固定观察哨所和防御阵地，日伪军日夜守护，丝毫不敢懈怠。

萧思明

萧思明团长带领各营营长、连长围绕张家峪四周山头，仔细观察地形，了解日军兵力部署和火力配置情况，寻找日军防守的死角和突破口。他在现场确定了一营和二营及其各连进攻的位置和目标，并命令三营赶赴插箭岭，完成警戒和阻击任务。作战部署完成后，萧思明团长反复强调，张家峪日伪军武器装备精良，弹药粮食充足，碉堡坚固，决不可轻敌。他要求各营各连务必开动脑筋，抓紧备战，战斗打响后，既要坚决拿下目标，又要尽量减少伤亡。

七连被部署在张家峪东南方向的山头上，其任务是和八连一起向西北方向进攻，拿下山上的观察哨所和防守阵地，拔掉村东头的碉堡，向张家峪日军仓库纵深发展。七连连长陈玉祥深知，结束战斗的关键在于炸毁村东头的碉堡。他召集各排长、班长进一步研究，落实团、营首长的部署，并组成突击队，由他亲自担任队长，去完成炸毁碉堡的任务。

26日深夜，七连全体进入攻击位置后，陈玉祥率领突击队十名战士，携带十多个炸药包，悄然向村东头的碉堡摸去。他们乘着夜色，以青纱帐为掩护，神不知鬼不觉地摸到日军碉堡前潜伏下来，耐心地等待总攻的开始。

黎明前，陈玉祥命令突击队战士用铡刀斩断铁丝网，采取搭人梯的办法，输送爆破组翻越壕沟，靠近日军的碉堡。日军对突击队的出现毫无察觉。七连爆破组首先炸毁了最东头的一个碉堡，击毙守敌，并凭借这个残堡向敌人射击。

七连已攻占日军碉堡的消息极大地鼓舞了全团战士，萧思明团长得知这一情况后，大腿一拍，高兴地说：“这个陈玉祥鬼点子就是多！”这时，张家峪日军外围阵地和哨所已被全部拿下，部队如猛虎一般迅猛，冲向日军核心阵地。

日军这才从梦中惊醒，他们凭借坚固的碉堡和工事向二团前沿阵地疯狂扫射。七连攻占的那个碉堡压力最大，子弹像雨点一样打过来，隐蔽在碉堡中的七连突击队无法展开下一步行动。见此情景，前沿阵地的七连、八连集中所有轻重武器将日军火力压制下去。陈玉祥抓住这一时机，立即命令爆破组炸毁日军山坡上的碉堡。爆破组的战士冒着被自己人误伤的危险迅速接近并炸毁了这个碉堡。这时，张家峪东头日军的三个碉堡已经被拿下两个，剩下一个还在负隅顽抗。

此刻，防守张家峪村西的日军经不起一营猛烈炮火的攻击，已经退缩到村中继续抵抗。整个张家峪日军据点眼看着就要被攻克了。这时，村东日军的反击更加疯狂，七连、八连进攻的战士一批批倒下，伤亡不断增大。杀红眼的陈玉祥从战士手里夺过机枪，向日军碉堡凶猛射击，他一边射击，一边不断大声呼喊："把鬼子炸掉！"为了掩护爆破组冲上去，七连、八连的火力更加猛烈，打得日军头也不敢抬。

日军狗急跳墙，丧心病狂地开始释放毒气。滚滚白烟乘着西北风向七连、八连的攻击阵地刮去，处于下风方向的指战员几乎全部中毒，一个个感到头昏眼花，又是咳嗽喘息，又是流泪淌涕，不久便纷纷跌倒在阵地上。陈玉祥被毒气熏得心慌气堵、两眼发黑，眼看日军的碉堡就要被炸掉了，即使日军释放毒气，他也决不放弃。他再次大声呼喊爆破组："动作要快！动作要快！"话音刚落，他就一头栽倒在浓重的毒雾中。

得到七连、八连指战员几乎全部中毒的报告，萧思明团长大怒！他立即调整部署，命令一营部分班排固守村西已夺取的阵地。他亲自率领一营大部和预备队赶赴村东，掩护七连、八连撤出战斗，并向日军发起更猛烈的进攻。仇恨的子弹和愤怒的炮火暴风雨般地倾泻在敌人头上，日伪军终于招架不住，他们丢盔弃甲，狼狈地向涞源县城方向逃窜。二团继续追击，不仅将溃敌全部歼灭，还顺手牵羊，打掉了北石佛和金家井两个日军据点。

七连中毒的指战员集结在张家峪东面的河滩上，卫生队的同志全力展开救护工作。萧思明团长、黄文明政委急匆匆地赶来看望伤病员。这时，大多数同志已经苏醒，但仍然感到头疼眼花，浑身无力。中毒最深的是七连长陈玉祥，只见他双眼紧闭，嘴唇发紫。"能救过来吗？"萧思明团长着急地问。卫生员轻轻地摇了摇头。"陈连长说过什么话吗？"黄文明政委关切地问。七连通信员宋要斌回答："连长说，打下张家峪给我们连每人弄一套新棉衣，是刚撤下来时说的。"萧团长和黄政委交换了一下眼神说："就这么办吧。"萧团长还特意在陈连长身边放了香烟和罐头，并嘱咐旁边的同志："等陈连长醒过来告诉他，这是我和政委给他带来的。"

张家峪沉浸在一片胜利的海洋里，人人脸上喜气洋洋。老百姓扶老携幼，欢呼雀跃，不少青年当即参军。乡亲们端着茶水、煮鸡蛋和大饼慰劳战士们。一千多民工赶着一千多头毛驴不停地向根据地运送战利品。经清点，缴获各种枪支二百多支（挺）、子弹十万余发、冬装一千多套、粮食二百余担，罐头、饼干、药品不计其数，还有大批掷弹筒、手雷、布匹、香烟等。

当军民们正在张家峪欢庆胜利的时

候，晋察冀军区向三分区二团下达了新的作战命令：迅速赶赴灵丘县上寨一带，加入邓华司令员指挥的左翼纵队，准备参加攻打灵丘的战役。二团在萧思明团长率领下立即出发，留下少数部队加紧战场清理和善后工作。七连长陈玉祥在张家峪攻坚战中最终没有被日军的毒气毒死，他恢复精力后立即追赶部队，去参加灵丘战役。

摩天岭突围

1941年八九月，日军调集百万兵力发动了秋季大“扫荡”，他们采取合围的战术，企图一举消灭共产党领导的抗日武装力量。日军气势汹汹，分路合击。我晋察冀军民在司令员聂荣臻的指挥下展开了一场惊心动魄的反“扫荡”斗争。

面对日伪军数十倍于我军的严峻形势，第三军分区机关在副司令员詹才芳的率领下开始转移。为适应反“扫荡”作战需要，詹副司令员决定只留二团七连随分区机关行动，以便集中主力部队掩护党政机关和群众安全转移。行动开始后，詹副司令员带领分区机关巧妙地绕过易县境内敌人的封锁，向易县和涞源县交界的深山行进。

易县和涞源县交界的山区，是我八路军一一五师独立团最早开辟的抗日根据地。这里山大沟深，群众基础好，便于我机关、部队的隐蔽、出击和转移。可是敌人的这次大“扫荡”和以前大不一样，从涞源、金坡、徐水、保定出动的日伪军，在汉奸的带领下，已经重重包围了这块根据地，开始了惨绝人寰的大屠杀。他们实行“杀光、烧光、抢光”的“三光政策”，采取了彻底封锁消灭共产党和八路军的行动。三分区的机关、部队曾经在这里驻扎过，这次来到，一片狼藉，许多村庄空无一人，过去的老房东、老村长被杀害，房屋被烧毁。日军在这里制造了一起又一起惊人的大惨案。看到往日鱼水情深的群众被整村整庄屠杀的惨状，许多同志伤心落泪，个个义愤填膺，纷纷要求詹副司令员下达攻击日军的命令，和敌人拼个你死我活，为群众报仇雪恨。

军区司令部发来电报，命令分区机关和部队务必转移到外线，避免与敌人死打硬拼，以保存有生力量。接到军区命令，詹副司令员带领这支不到二百人的机关和部队不停地与日伪军在山区兜圈子，想伺机跳出敌人的包围圈。可是据各情报站报告，各条通道都有日伪军重兵把守，要突破封锁线绝无可能。几天来，分区机关和部队昼夜行军，人困马乏，继续在这一带周旋十分危险。根据对敌情的分析，要跳出日伪军的合围，唯一的通道就是翻过摩天岭，向北转移。

摩天岭奇峰林立，险壑纵横，似刀削斧劈。三分区机关上了摩天岭后，日伪军已尾随而来，只是未摸清虚实，且山势十分险要，他们不敢靠得太近。詹副司令员指示队伍加快行军速度，迅速摆脱尾追之敌。就在这时，七连前卫班的战士气喘吁吁地跑回来报告，前进方向发现大量日伪军，路口已经被敌人封锁。詹副司令员很快赶到前卫班的位置，从望远镜里清楚地看到日军的钢盔帽闪着寒光，密密麻麻地向摩天岭上行进。前有阻击，后有追兵，三分区机关面临着空前危险。在这种情况下还能突击出去吗？阵阵秋风掠过，这一年的秋季显得比往年更阴冷，詹副司令员陷入了深深的思考之中。他带的分区机关太精简了，除了几名地方党政干部外，身边只

留下作战科、情报科、通信科和后勤方面的几十名同志，战斗力最强的就是二团七连一百三十多人。凭这一百三十多人，能从四五千日军的围追堵截中冲出去吗？何况还携带着分区机关大部分给养经费。詹副司令员遇到了前所未有的复杂情况和危险。他立即召集各科长、七连连长陈玉祥和党员骨干开会，分析研究敌情，布置下一步行动。

“同志们，最危险的时候到了！”詹副司令员的湖北口音此刻显得十分庄重，“前后都有日伪军重兵把守，周围悬崖峭壁难以通行。”他拔出自己的手枪看了看，说：“从现在开始，每个人都要准备最后的牺牲。记住！最后一颗子弹和手榴弹要留给自己。”詹副司令员视死如归的决心极大地激励着同志们的斗志。有的同志说：“早就想和鬼子拼了！”有的说：“打死一个够本，打死两个赚一个。”有的说：“咱们占据险要地势，鬼子轻易攻不上来。”说话间，日军的飞机已开始在摩天岭上空盘旋扫射，炮弹也一颗接一颗地在山岭上爆炸。詹副司令员作了布置后，四科科长和陈玉祥留下继续研究突围办法。其他同志各就各位，开始了行动。

遵照詹副司令员的命令，后勤部的同志将给养经费迅速藏匿，驮物资的马匹被推下悬崖，机密文件全部销毁……被围困在摩天岭上的全体同志都做好了牺牲的准备。正因为有了这种准备，同志们显得并不紧张，见面还互相开玩笑、说笑话，丝毫没有恐惧的气氛，极度劳累困乏的感觉也一扫而光，每个同志似乎都在等待着那光荣的最后时刻。

詹副司令员还在谋划着突围的办法。他对身边唯一的主力部队七连寄予了深切的希望。三分区二团七连是红一师三团的骨干连队，从1933年组建以来，经过了井冈山反“围剿”和长征途中无数次战斗的洗礼。陈玉祥虽未经过长征，可其自1935年参加陕北红军以来，历经崂山战役、直罗镇战役、东征和西征，担任连长四年多，已经有了丰富的作战经验。抗战以来，七连的战斗力之强，在平型关、黄土岭、张家峪、三甲村等战斗中已被证明。三分区参谋长兼二团长萧思明介绍过陈玉祥以及七连的情况，詹副司令员表示对七连充满了信心：“陈连长，你和四科科长带几个同志，再去查找一下突围的路径，确实无路可走时再和敌人拼！”“是！副司令员。”陈玉祥立即站起，恭恭敬敬行了一个军礼。“情况紧急，就不必敬礼了，你们快去！”詹副司令员目光里充满了信任和期待。

陈玉祥虽然不止一次上过摩天岭，但那时毕竟是沿着道路行走，对摩天岭的地形地貌并不完全清楚。他和四科科长急忙找到地方几位同志，向他们了解摩天岭的地势情况，并一起沿着悬崖峭壁勘察地形。他们发现摩天岭北侧一处峡谷悬崖距谷底只有二十多米，如果有结实的绳索悬挂下去，同志们可以顺着绳索滑到谷底，然后沿着峡谷向北转移。发现这个情况后，他们立即返回山岭报告。这时，詹副司令员正坐在电台报务员身边，指挥通信科的同志与军区总部及友邻部队联系。听了陈玉祥的简要汇报后，詹副司令员立即指示通信科最后一次向总部及友邻部队发报，电告三分区机关的位置和突围方向。电报发出后，随即命令砸毁电台，烧掉了密码本，詹副司令员决心破釜沉舟，实施突围。他和四科科长、陈玉祥再一次分析了情况，详细地研究了行动计划，作了新的布置。

被围困在摩天岭的同志们听说有了一条生路，人人喜出望外，精神更加振奋，立即投入突围的准备工作中。这时，天已黄昏，山下远处的日本兵点燃了篝火，火光闪闪，狼烟四起，一片连着一片，清晰可见。日伪军深知八路军近战夜战山地战的威力，不敢连夜向摩天岭进攻，只是盲目地、接连不断地向山岭上发射炮弹，用机枪封锁必经路口。枪炮声震耳欲聋，炮弹爆炸处火光一片。敌人企图用强大的火力吓倒被围困的同志们。其实同志们心里有数，日军越是这样虚张声势，就越能证明他们今夜不会发起真正的进攻。

按照詹副司令员的布置，所有能找到的绳索和全体同志的绑腿布都集中到一起，由五六名技术高超的同志编一条能悬挂、能承重的绳索。绳索很快就打编好了，足足有三十多米长。詹副司令员看到这条又粗又长的绳索，从一端拉了拉，拽了拽，的确非常结实可靠，他终于露出了转移以来的第一次笑容。现在需要吃饭了，如果能从敌人的重重包围之中溜出去，天亮前还要急行军一百多里路呢！可是在敌人眼皮底下根本无法烧火做饭，只要日军发现山岭上有一丝烟火，炮弹立即就会打来。陈连长建议用凉水泡黑豆、小米吃，虽然有可能造成跑肚拉稀，但总比不吃一点东西强。詹副司令员摆了摆手说："就这么办，赶快让大家吃点东西。"同志们吃了凉水泡的黑豆、小米后，突围行动全面开始。

按照部署，陈玉祥率一排全体战士带着四挺机枪，选择有利地形，尽可能靠近敌人，向摩天岭西部的日伪军开火，造成我部决心向西突围的假象，掩护分区机关部队转移；四科科长带领其余同志向摩天岭北麓撤退，顺着已悬挂好的绳索滑到谷底，急速前进，如遇到敌人就果断突击，决不后退；二排长带领五名战士，在悬崖上接应一排和陈玉祥撤退，不到万不得已不要开枪，严防暴露突围的真实方向和意图。

战斗打响了，陈玉祥带领的一排到达预定位置后，所有的机枪、步枪一齐开火，并且甩出去一百多枚手榴弹。霎时，枪炮声、喊杀声交织在一起，在这空旷险峻的山岭上显得格外震撼人心。日军的全部注意力果然都集中到这里，他们清楚，八路军决不会束手就擒，必然要与他们进行一场殊死搏斗。日军调集了大量的轻重武器，对一排的阵地实施狂轰滥炸，对必经之路进行火力封锁，严防我部突围。这时，山岭上大部分同志已神不知鬼不觉地顺绳而下，转移到了谷底。陈玉祥带领的一排达到了麻痹敌人和掩护部队的目的后，开始梯次撤退，迂回转移。当一排到达山岭北侧悬挂绳索的崖畔时，发现詹副司令员没有走，他还站在那里。陈玉祥看到这情景，便向二排长大发脾气："二排长，你是干什么吃的！詹副司令员出了问题你能负起责任？"二排长支支吾吾。詹副司令员过来拍着陈玉祥的肩膀说："不怪他，不怪他，你们不回来，我就不走！"詹副司令员和战士们同甘共苦、患难与共的精神深深地感动了每一位同志。"抓紧时间，赶快下去！"听到命令后，山岭上的同志不到半个小时就下到谷底，跟着詹副司令员向北急速前进。已经走出去几十里了，摩天岭上枪炮声依然不绝于耳，同志们个个发笑，有的说："日本

鬼子的炮弹真多啊！”

跳出摩天岭日伪军的包围后，詹副司令员命令部队向第一军分区司令部新近转移的驻地大新开沟方向前进。日军宿营地的火堆在夜幕中显得特别刺眼，三分区机关和七连不断绕过日伪军驻地，一夜急行军一百多里，天亮时，才跳出了敌人的合围。就在部队极度疲劳的时候，又发现一支日军急速尾随而来，并开枪射击。部队实在走不动了，纷纷要求就地和敌人决一死战。就在这极为困难的时候，两侧山上枪声大作，同志们似乎重新陷入了危险境地。仔细一看，原来是兄弟部队在阻击日军，掩护三分区机关向北转移。尾随的日军被这突如其来的攻击打得晕头转向，纷纷掉转屁股狼狈逃窜。詹副司令员率领的三分区机关终于和兄弟部队会合了。一打听，才知道刚才阻击敌人的是一分区的主力部队，他们接到杨成武司令员的命令前来接应三分区机关。这个接应的决策真是太英明了，否则，三分区机关和七连确有覆没的危险。

詹才芳副司令员见到杨成武司令员时别提有多高兴了，两人紧紧握手之后，互相诉说着突围的经过和危险。詹副司令员特意把陈玉祥叫到跟前，给杨司令员介绍：“这次摩天岭突围，陈连长真是立了大功！”杨司令员操着浓重的福建口音笑着说：“你莫介绍喽！陈连长是我从陕北带过来的红军战士，在独立团给我当过排长、连长。”他一边说着一边走过来握着陈玉祥的手，“也是个老连长了，应该能打噢！”陈连长见到老首长高兴极了：“打仗嘛，还要多跟司令员学！”

（本文选自《解放军文艺》，有删节）

亲历渡江战役

文 / 王济生

辽沈、淮海、平津三大战役后，国民党军队残余力量一百多万人退守长江以南，企图凭借长江天险，阻止我军南下。为达到此目的，国民党政府借“和谈”拖延时间，以待条件成熟，卷土重来。

党中央、毛主席识破蒋介石的阴谋，随即命百万大军分东、中、西三个兵团渡江。二十七军是中线兵团渡江的第一梯队，任务是在油房嘴以东渡江，首先夺取荻港、马鞍山、鸡头山、油房嘴、大盖山。我团任务首先在油房嘴以东渡江，夺取油房嘴、鸡头山，接应部队渡江。

当时我任二十七军七十九师二三五团政治处主任。4月20日早饭后，团党委常委集中在团指挥所里开会，接到七十九师师长肖镜海的电话，命令当晚开始渡江。战斗发起时间为20时30分。要求做好思想动员，认真检查准备工作落实情况。师长号召大家，在消灭蒋介石政权的决定性一仗里，要尽全力打好，希望“济南第一团”的英雄们再创新荣誉。

接到命令，全团指战员欢欣鼓舞，上上下下都忙碌起来。战士们认真检查装备，擦拭武器，有的写了入党申请书，请求党组织考验自己。团政委邵英到一营去检查指导工作，我到三营七连驻地去动员。

我到七连后，动员大会开始。指导员迟浩田宣读动员令，接着他说：“咱们七连在胶县、高密、济南诸多战斗中，都获得了荣誉称号。七连的光荣是在上级统一领导下，革命先烈用鲜血换来的！这个班交到我们手里，在具有伟大历史意义的渡江战役中我们怎么办？我们要继承先烈的光荣传统，以我们的勇敢、机智夺取新的胜利。同志们，看我们连干部的行动吧！”连长萧锡谦再次明确本连的任务和要求，并表示了决心。英雄七连的战斗英雄、模范、功臣们纷纷发言表态。“济南英雄”于洪铎说：“我们连在济南战役中，争得‘济南英雄’的荣誉，我们不但要保持这个光荣称号，在渡江战役中，还要取得新的荣誉。济南战役中，上级给了我很高的荣誉，我决心在渡江战役中再立新功！”一班长阎功勋激动地说：“我们班是突击班，我们有把握渡过长江去，而且要争取成为渡江第一船。如果需要流血，我们的血要洒在江南的土地上！”

此时，我端起一碗酒，对战士们说：“同志们，我们二十七军从来就是敢打硬仗和大仗的队伍，今天，党和人民考验我们的时候到了！我赠大家四句话，‘常胜连队聚英雄，险中取胜立奇功。突破天险神州变，荣誉榜上再题名’！来，大家都喝下同心酒，祖国和人民在等着你们胜利的消息！”所有在场的干部与战士都端起了酒碗，喝下了这碗壮行酒。

历史性的时刻终于来到了。

夜幕降临。我团各连队按照预先划分好的位置，把木船从无为县白茆洲隐蔽的河汊里顺着专门挖好的通往长江的渠道，一条一条地拖进长江。百条木船在长江北岸一字儿排开，好不壮观。各炮兵阵地的大炮也卸下伪装，脱掉炮衣，随时准备“发言”。

团指挥所检查完一梯队船只到位情况后，上级传来激动人心的消息：毛主席今晚不睡觉，专门等着听渡江胜利的喜讯。大家兴奋地举拳向江对岸狠狠砸去，为避免暴露目标不敢欢呼。

20时15分，七十三团指战员已登船完毕，整装待发。这时上级派通信员传达命令：“听令开船。”但由于过分紧张激动，通信员在传达到一营三连时，竟把命令中的“听令”两个字漏掉，成了“开船”两个字。说时迟，那时快，早已憋足了劲儿的三连五班犹如一支离弦之箭，“嗖”地冲了出去；旁边的船以为战斗已经开始，也纷纷划桨开船。霎时间，全团上百艘大船，黑压压一片，悄无声息然而又气势如虹地冲向江心，一个决定中国命运的伟大战役就这样开始了。

三连五班那条船一马当先，眼看就要到达南岸。这时敌人发觉了，大炮、轻重机枪一齐开火，曳光弹“啾啾”叫着上下乱飞，船老大中弹负伤，船头一扭，竟顺水向下流去。在千钧一发之际，

渡江战役

渡江战役

班长刘德翠一把抓起船舵，又把船转了回来。船老大忍着剧痛急忙跑过来大叫：“班长你快去指挥战斗！掌舵是我的事！”转眼之间，船靠拢了南岸。

岸边是两三米高的土崖。刘德翠指挥大家下船架梯，并自己率先登上了梯顶。登岸时由于他用力过猛，梯顶钩子滑脱，梯脚陷进淤泥中。紧急关头，李世松弯腰抓住梯子底部猛地向上一提，一下子把梯子扛在自己肩上。全班战士就这样登上江岸，向敌军前沿阵地发起了攻击。4 月 20 日 21 时 15 分，第一道壕沟占领了，江边地堡也占领了。五班随即按照事先布置，打出红色信号弹。该班首先突破长江，在夏家湖以西登岸，成为百万雄师渡江第一船。

同时并进的七连先头船只也靠拢了南岸。他们受到敌军炮火的猛烈轰击，有的船被打漏，有的桅杆被打断。可是英勇的七连战士，硬是冒着枪林弹雨往上冲。梯子被打坏，他们搭成人梯登上江岸。在通过敌人的铁丝网时，一班班长阎功勋身负重伤，他忍着剧痛指挥各战斗组攻占敌军工事，并命令战士小刘打出“渡江成功”的信号弹。几分钟以后，由于流血过多，这位年仅二十一岁的共产党员牺牲在长江南岸的土地上。

伟大的渡江战役已经过去六十多年了，作为亲身经历这场战斗的我，回忆当年牺牲的战友，更觉得有必要将这段真实的历史写出来让大家知道，“打过长江去，解放全中国”这句话不仅是我们当年浴血奋战的口号，更是无数先烈用生命换来的悲壮诗篇。

（本文选自《解放军报》）

鲜为人知的“红军青年冲锋季”

文 / 李　伶

1933年，时任总政青年部部长的肖华组织召开了一次全军青年工作会议，朱德总司令和周恩来总政委都在会议上做了形势报告。报告强调：巩固和提高战斗力，是红军青年工作的重要任务。根据报告精神，肖华提出了开展“红军青年冲锋季”竞赛活动的建议，经总政治部采纳后，随即在中央苏区红军中展开。

肖　华

作为中央苏区红军首次开展的大规模青年竞赛，“冲锋季”的口号和要求是“四不”（不生病、不掉队、不怕苦、不犯纪律）、“五要”（每人要识三百字、要团结友爱、要积极参加文体活动、要搞好军民关系、要讲究卫生）、“三努力”（努力提高政治觉悟、努力提高军事本领、努力提高文化水平）。为了做到“不生病”“不掉队”这两项，部队还制定了不喝生水、不抽烟、不喝酒、不吃辣椒的具体规定。为什么要规定“不吃辣椒”呢？原来，红军战士大多是南方人，爱吃辣椒，但辣椒吃多了，易患肠炎和肛门炎。长途行军，肚子痛，肛门也痛，一步一擦，实为苦痛。为了在行军途中不掉队，就不能吃辣椒。

“冲锋季”的竞赛活动大都靠“飞行集会”来布置和检查落实。具体做法是：紧急集合，突然行动。单位首长把大家集合起来，简短而明确地布置一两项工作。到了限定的时间，再把大家集合起来，当场检查落实情况，展开评比活动。时任某师师长的陈光就曾集合全师，突击检查卫生和伪装两项工作，并在团与团之间开展竞赛。大家坐在开阔的地上，陈光下令脱帽，顿时，每个人露出了剃得光光的头。然后，他又下令检查其他卫生项目。检查组同志从不同的角度扫视那洗得一干二净的手和脸，记下了成绩。这时，陈光又命令："戴上伪装！"刹那间，一片葱绿的草丛和树枝，掩盖了人和工具，达到了实战中防空袭的要求。

除了这种大规模的突击检查，红军们还以团、营、连为单位，进行军事体育、花枪表演、劈刺动作、投手榴弹等多项目的比赛。由此，部队军政素质一天天地提高，战斗力也大大加强了。红军长征能够取得胜利，这次"青年冲锋季"的竞赛活动功不可没。

红军战士大多是穷苦出身，文化水平很低，很多人连自己的名字都不会写，更谈不上写家信、看作战图了。"红军青年冲锋季"竞赛活动要求每人识三百字，这可不是一件容易的事。各人的情况不同，识字的方法也不一样。行军时，有的把写有生字的牌子插在前边同志的背包上，边走边认；有的利用途中休息时间，以石子、木棍当笔，大地为纸，互帮互学。日常接触的用具用品、连队每个同志的名字、行军经过的村名、地名，还有每天一换的夜间口令，都是大家"攻克"的目标。

经过三个月的突击攻关，大多数同志都完成了识字任务。不少同志还学会了写信、写日记。直到多年后，很多老将军每每谈起此事，都深有感触地说："我们这些大老粗，后来能担负起党交给的重任，一个重要原因，就是被'红军青年冲锋季'逼出了学文化的兴趣。"当年5月底，"红军青年冲锋季"完成了它的历史使命，不仅对提高部队战斗力起到了促进和推动作用，还为提升红军军政素质、文化水平奠定了基础。1950年冬，中国青年代表团访苏期间，时任该团副团长的王宗槐将军在向苏军官兵介绍中国工农红军的优良传统时，特别将"红军青年冲锋季"作了重点介绍。苏军翻译将"冲锋季"翻译成"红军开展活动，像冲锋枪那样快捷而迅猛"，逗得大伙哈哈大笑。

（本文选自《解放军报》）

激战三井

文/冯贵生

1938年2月下旬至4月初，贺龙师长指挥一二〇师连克晋北七城，为建立和巩固晋西北抗日根据地奠定了坚实的基础。三井战斗，就是其中著名的一次战斗。

三井战斗的序幕，是从围困岢岚城拉开的。

1938年2月下旬，八路军一二〇师正沿同蒲线北移，开展突击战。大同日军第二十六师团之黑田旅团八千余人，会同伪军李守信部三千余人，向我晋西北地区发动了首次“围攻”，连续攻占岢岚、宁武、神池、保德、五寨、偏关、河曲七县。26日进至黄河东岸的军渡、碛口，并炮击我黄河西岸的河防阵地，企图迫我一二〇师过河入陕，或将一二〇师歼灭在晋西北，以解除对他的威胁。

敌人进攻的情报传来，贺龙师长和关向应政委果断决定一二〇师回师晋西北，打击侵略者，巩固晋西北根据地。

贺　龙

晋西北的初春，仍是朔风呼啸，滴水成冰。一二〇师的将士们身着单夹裤，脚蹬草鞋，从2月28日开始，昼夜不息地向晋西北疾进。

3月6日，毛泽东同志急电一二〇师：“三五八旅不必到离石方向，应集中两个旅的重要兵力，打败敌之一路，切实巩固晋西北根据地。”

贺龙师长和关向应政委依据电示决定集中主力首先打击进犯岢岚、五寨之敌。

3月6日晚，三五九旅旅长王震率七一七团和七一八团从忻县平社一带出发，经静乐直逼岢岚城下。7日，该旅七一七团夺取城南高地天马山，七一八团攻占城东高地仙人洞，并派出一部配合岢岚县游击队控制了城西制高点。

与此同时，三五八旅也于3月7日到达距岢岚县城三十余里的辛家湾、寇家村一带集结，准备截击从岢岚城撤退之敌和打击增援之敌。

岢岚县城历来为边陲要地，自隋大业设城郭以来，经历代修葺扩建，城墙坚固，城门高大，成为一座难攻易守的城池。进占岢岚县城的日军是千田联队的一个大队，一部骑兵和炮兵，共计一千余人。千田部下的一个中队长扬言说：“八路军没有重武器，要攻下岢岚城是不可能的。”

王震旅长带领着七一七团长刘转连和政委刘礼年，冒着敌人从城内不时射

抗日战争时期的王震同志

出枪弹的危险，请来熟悉岢岚地形的游击队负责人仔细勘察地形，制订了作战计划：从东、西、南三个方向围困岢岚城，只留北门让敌人撤退，在运动中歼灭敌人。

岢岚城东有一条岚漪河，河水从东绕南向西而行。岢岚城内没有水源，饮水全凭城东水渠引河入城。水渠就在仙人洞的悬崖峭壁下面，于是围困岢岚城的计划就定在了“水”字上。

3月7日晚，三五九旅派出一部，从南面的天马山佯攻县城，将敌人的注意力全部引到南面；一部乘机从东南面的仙人洞堵塞水渠，断绝水源。日军出动兵力争夺水源，守卫在仙人洞高地上的七一八团指战员早已做好了战斗准备，他们将捆好的手榴弹投向日军。日军只好退回城内。到中午时，日军人畜均饥渴难耐，又派一部牵马执桶出了南门，妄想下河饮马、挑水。守卫在天马山的七一七团居高临下，射出一发发愤怒的子弹，日军只好丢下几具死尸退回城内。到3月9日午后，被围困的敌人因缺水，不得不宰杀战马，用血水解渴。王震旅长站在天马山上，用望远镜将敌人的慌乱看得一清二楚，他对刘礼年说：“看来敌人渴得坚持不住了，只要我们再坚持围困一至两日，鬼子就会不战自退。”

果然不出所料，敌人在水源断绝、通信中断的情况下，只好于3月10日午后3时，从岢岚城北门撤出，向五寨方向逃窜。

一二〇师收复岢岚城后，贺龙师长命令三五九旅乘胜追击，并亲自到西会村里给参战部队和支前队作了简短动员。他讲话的大意是：这是一二〇师回师晋西北的第一战，全军上下务必打胜，只有打胜才能巩固晋西北根据地，才能对得起晋西北勤劳朴实、勇敢坚强的人民。

贺老总还要求一二〇师的全体官兵和支前队伍一定要和友军搞好合作。最后，贺龙师长挥着手里的烟斗说：“鬼子乘我军不在晋西北，大举进犯根据地，到处杀人放火，欠下一笔笔血债。血债必须叫它用血来偿还。”

接着贺师长命三五八旅一部星夜前进，冒雪从辛家湾出发赶到岢岚通往五寨的要道麻子涧沟设伏。并征得阎军赵承绶同意，由骑一军之一部配合，让骑一军步三团在三井镇南七八里的焦山、孟家坡之间设伏，以便增援七一七团。

日军从岢岚县城退出，向东北逃窜四十里后，进占了三井镇。

三井镇是岢岚北川第一大镇，位于岢岚通往五寨之咽喉要道上，历来为兵家必争之地。镇外虽无坚固屏障，但残堡犹存。饥肠辘辘的日军于晚上8时进占三井后，发现我方群众早已转移。这伙侵略军在岢岚城被我军围困三天三夜，已极度疲惫不堪，就一面安锅造饭，一面部署兵力。将辎重停在三井东西直通的大街上，在镇北堡设了炮兵阵地，并用机枪封锁了东西堡口，想借火力，死据三井。

三五九旅追至三井镇西南之曹家沟和秦家庄时，天色已晚。这时雪后初晴，寒风凛冽。部队指战员不顾衣单腹饥，借助三井镇西堡门外干河滩上杨柳林带作掩护，匍匐前进到三井镇西堡外的西坝堰上。与此同时，一二〇师指挥部设在三井西北的二龙山上。贺龙师长亲临前沿阵地，在距三井东北五里的谷河坐镇指挥。

三五九旅七一七团运动到西坝堰后，立即分兵两路，第一路直插三井西堡外围的三井完小广场，第二路绕西堡墙南移至西堡门口二百米，开始向敌人发动正面进攻。

当第一路攻进街心时，担负增援我军的赵承绶骑一军步三团盲目射击，迟滞了我军行动，使第一次正面攻击受挫。天明后，七一七团政委刘礼年和团长刘转连，再次组织进攻。尖刀班以集束手榴弹炸毁了敌人设在西堡口的机枪阵地，我军立即拿下西堡口，向纵深发展。从西堡口至东堡口的东大街上，是敌人的辎重队，仅用来运输的骆驼就占了半条街。在我军的强攻猛射下，这些骆驼连同他们的主人一个个倒下了。我军乘势利用骆驼的尸体作掩体，向敌人步步推进，沿街逐巷和敌人短兵相接，打起了巷战。枪声、炮声、手榴弹的爆炸声和喊杀声此起彼伏，声震四野。

激战至半夜，三井大部为我军占领，敌人被压入北面残堡之中。但敌人仗着大炮的优势与我军形成了对峙。

这一仗的关键在于能不能拿下敌人的炮兵阵地。七一七团把这一艰巨的任务交给了一连二排，排长杨时雨带领全排战士不顾敌人的炮火，踏着敌人横七竖八的尸体，勇猛地冲上了位于敌人炮兵阵地的北堡高墙，把一束束手榴弹投向敌人的炮兵阵地，以迅雷不及掩耳之势，将还在发射中的敌炮兵歼灭，缴获山炮一门，俘敌十余人。

敌人在丢掉炮兵阵地后，完全处于被动挨打的境地，只好寄希望于五寨之敌增援。

盘踞在五寨的敌人，已发现三五八旅给他们布下了天罗地网，不敢轻举妄动，只好死守在五寨城。

待到11日晨，三井镇残敌待援无望，只好乘我军重新发起进攻之间隙，向五寨逃窜。

逃至麻子涧沟时，又遭我军三五八旅伏击，伤亡惨重。由于阎军赵承绶部骑一军过早撤出阵地，使敌人逃窜到五寨城。

三井一战，我军毙敌三百余人，俘敌二十八人，缴获步枪数十支，其他军用物资一部，缴获一门山炮，这是一二〇师在抗战中缴获的第一门炮，后被贺龙师长命名为“功臣炮”。

三井战斗后，部分参战部队和县城群众在岢岚县城举行了祝捷大会。

（本文选自《文史月刊》）

八路军第一二〇师部队收复宁武县城

红军长征背后的一份绝密情报

文/刘 湜 张晓军

1934年7月，国民党对中央红军的第五次“围剿”已经持续了半年，并已突破了苏区四周的防线。而中央苏区的人力物力已很匮乏，粮食紧张，弹药更是紧缺。在这种敌我力量如此悬殊的险恶形势下，一份绝密情报送到瑞金，使红军及时实行了战略转移，避免了更大的危险，走上举世闻名的长征路。

敌人绝密情报刚制定出来便落入我军之手

1934年9月下旬，蒋介石精心策划的军事会议在庐山的牯岭秘密召开了。这是一次部署第五次“围剿”重大军事行动的重要会议。会议在蒋介石的首席军事顾问、德国人赛克特的策划下，制订了一个名曰“铁桶计划”的战略方案：确定以红都瑞金为最终目标，各参战部队在指定时间、指定地域，从四面八方向前推进，形成半径距离瑞金一百五十公里的“大包围圈”，届时将在瑞金的四周架起三十道铁丝网、三十道火力封锁线，为防止红军突围还计划配备一千辆军用十轮卡车，快速运送作战部队，予以及时拦截。

“铁桶计划”的文件差不多有一公斤重，每份地图、表格的封面上，都印有蓝色的“绝密”两字。领取这些文件的每个官员都按收件人编号，签字领取，手续十分严格。但蒋介石万万想不到的是，会议结束的当天晚上，“铁桶计划”的全部材料就到了共产党员项与年等人的手上。

中央特科十几人打入敌人“剿共”总部

项与年等人为何能够如此之快地获取国民党的最高军事机密？事情还得从莫雄说起。

莫雄曾是孙中山同盟会的一名中坚分子。北伐战争结束后，莫雄被蒋介石冷落，只挂了一个军委会少将参议的虚衔，在上海赋闲。正是在上海闲居几年中，这位素来为人正直、富有正义感的老同盟会员被我党注意到了。中央特科将他列为重要的争取对象，莫雄也有意为共产党工作。

1934年，莫雄的昔日熟人杨永泰（时任蒋介石南昌行营秘书长），推荐莫雄担任了江西赣北第四行政区专署专员兼保安司令。莫雄接任后立即想到这是一个让中共派人打进蒋介石营垒中的良机，随即找中共党组织商议此事。特科负责人考虑到党的临时中央机关已经在江西苏区，蒋介石正在调动百万大军对红军进行第五次“围剿”，能够在这种时候打入南昌行营是一个非常难得的良机。于是，特科决定派项与年、刘哑佛、卢志英等十几位同志，随莫雄去江西。

这十几人中，项与年是负责人。项与年又名梁明德，1925 年加入中国共产党，入党后被组织上派往国外，在华侨中开展工人运动。1927 年 11 月他回到上海后，奉调进入中共中央特科的“红队”（行动科）工作，是“红队”的主力队员。

当时莫雄也参加了庐山牯岭的军事会议。待会议一结束，莫雄就下了山。在德安县城的专署保安司令部，他在经过上百次的反复思考后，甘冒杀身毁家之险，毅然将“铁桶计划”的全套材料交给了保安司令部谍报科参谋项与年。

项与年为送情报一连敲掉了四颗门牙

项与年接过莫雄递来的一沓文件，只看几眼，马上感到其中的分量。他跨上前紧紧地握住莫雄的手，声音有些变样地说：“莫大哥，我代表党感谢你！”等莫雄离去，项与年与刘哑佛、卢志英

莫　雄

铁桶计划路线图（细节）

商定，由他来将这份十万火急的情报尽快送到瑞金。

当晚，项与年挑灯夜战，用特种药水将各份情报上的要点，一一密写在新买的四本学生字典上，重要的军事标图则描到薄纱纸上。他选择了一条由德安抵达瑞金的最佳路线，即从南昌乘车到吉安，进入泰和，从山区插入兴国县境，再横插于都，然后直到瑞金。

项与年风餐露宿好不容易通过了泰和的老营盘山区。当他进入兴国县境临近茶园村的地方，发现国民党军队在这里封锁得很严，隔几里路就有哨卡，路上缠起了一道道长长的铁丝网，各个村头都筑起了高大坚固的碉堡，上面还有人放哨。一般青壮年根本不可能从这儿通过。项与年回到山林中，用石块一连敲下了自己四颗门牙。很快，他的两腮

项与年

肿胀起来，面部变得可怕吓人。次日他下了山，身上的衣衫早被树枝荆棘挂扯得破烂不堪，完全成了一个蓬头垢面、让人厌恶的乞丐。他把四本密写字典的封皮撕去，藏在污秽不堪的讨米袋里，赤着一双脚，无精打采地朝前走。就这样，项与年混过了沿途敌军的层层哨卡，于10月7日下午到达瑞金城，在沙洲坝找到了临时中央机关驻地，把四本密写字典交到了周恩来的手上。

周恩来听了项与年的讲述，望着他肿胀的脸，深受感动。他一方面嘱咐人好好照顾项与年，另一方面指示红军总参谋部作战处组织人手，连夜复原字典上的图表、文字。

十七天后，敌人才发觉红军的主力已经转移。

当时的中央负责人在传阅了项与年送来的“铁桶计划”之后，不由得暗自大惊，并深感中央根据地已经到了万分危急的地步，若不断然采取措施，再有十天半个月，就会完全被敌人围困得难以脱身。10月10日，中央发布了战略转移的行动命令。10月16日，中央主力红军八万六千余人开始了二万五千里长征。

10月26日，即中央红军主力转移后的第十天，按照“铁桶计划”向苏区腹地推进的国民党军队已完全占据了宁都、长汀、会昌等地。七天后，敌军的前锋推进到瑞金城外。到这个时候，敌人才知道红军的主力已转移。

军情报告到正在北平协和医院住院的蒋介石那里，蒋介石气得七窍冒烟，他精心铸造的“铁桶”最终成了一只裂缝漏水的“烂桶”。

党和人民没有忘记为中央苏区十万名红军指战员及时脱离险境、提供绝密情报的有功之臣。

（本文选自《中国国防报》）

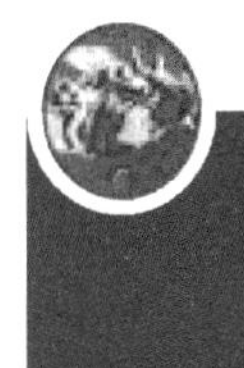

红军长征小水激战

文 / 杨比军

红六军团在执行长征先遣任务的西征途中与敌人在通道县的小水大坡界发生激烈战斗，史称“小水战斗”。为了使红军主力顺利转移，八位红军战士战至最后一刻，一齐跳崖。

西征时在小水与敌人遭遇

1934 年 8 月 7 日，红六军团九千多人在中央代表任弼时、军团长萧克、政治委员王震等率领下，由江西的遂川、横石出发，先行突围，开始西征，执行长征先遣任务。

9 月初，红六军团在广西全县以南的界首乘虚渡过湘江，占领西延（今资源）县城。9 月 11 日，进抵湖南城步县以西的丹口。9 月 13 日，由丹口进至绥宁县黄桑坪。当红六军团进入邵阳城步、绥宁时，遇到湘敌李觉部八个团的阻截，当时还有桂敌两个师尾追而来，情况十分危急。在这种情况下，红六军团首长果断决定：在敌强我弱的情况下，改道分兵，以游击战术与敌周旋。9 月 15 日下午 1 时许，红十八师按照改道分兵策略，从绥宁县黄桑坪南下向通道县杉木桥前进，当时红十八师已大部过小水，让人没有料到的是，湘敌突然由绥宁前来截击，并占据了小水、驾马，以阻红军西进。

八壮士在大坡界跳崖

小水村位于通道县杉木桥乡境内，与邵阳的绥宁、城步相距不远，小水村在两条小溪汇合处，因而得此名。李觉得知红十八师具体改道小水方向后，他急令其部五十五旅尾追红军不放，要让红军没有喘息之机。与此同时，他又命令本地籍上等兵龙章瑞当向导，抄近路直奔小水大坡界主峰占据有利地形。大坡界地势险要，山林密集，便于隐蔽。敌部到达大坡主峰后，分散组成阻击队形，等待着红军的到来。

此时还未过小水的红军部队不知前有埋伏，只知后有追兵，当他们行至小水大坡界山底峡谷时，敌军遂向他们发起突然袭击。红军在没有任何准备的情况下被敌截为两段。红军深陷谷底，处于劣势，无战斗掩体。敌人一部分又从大坡界两翼迂回包抄，企图包围红军并全歼于此，红军面临紧要关头。

面对敌人的突然袭击，红军迅速作出反应，命令红军一个排三十余人担任掩护，某排接到命令后迅速抢占大坡界另一高地，阻截包抄之敌，还击进攻敌人。当红军的战略部署重新作出调整后，也迷惑了敌人，敌人以为红军增援部队赶到，便集中火力对准红军担任掩护的这个排，红军主力则趁机突围出去了。

战斗打得异常激烈，红军某排不怕牺牲，死死守住阵地，苦战三个多小时，打退了敌人一次又一次的进攻。在激战中有二十多位红军战士英勇献身，最后只剩下八名红军战士，情况十分危急，但他们仍然坚守着阵地，为的是让突围出去的红军主力走得更远，八位红军战士一直战到最后弹尽粮绝。他们为了不让敌人俘虏，最后把枪砸烂，高喊着“红军万岁”，集体跳下五十多米高的悬崖，全部壮烈牺牲。

在驾马歼敌后从容转移

红六军团主力过小水后，又作出了分兵两路的策略。一路向通道溪口、菁芜州方向进发；一路迂回到离小水三里多的驾马，在驾马抢占制高点，并做好战斗准备。堵截之敌发现与他们拼命的不是红军主力后，马上撤离大坡界，向驾马集结，准备“围剿”红军。

此时红军早已做好战斗准备，当敌军追至驾马后，红军趁敌人立足未稳，遂向敌发起猛烈进攻，敌人伤亡惨重。之后，红军乘敌人援军未到之机，迅速撤离阵地，一路南下，从容转移。

为了纪念在小水战斗中牺牲的红军战士，1991年10月，通道县委、县政府在战场遗址上，修建小水战斗纪念碑。纪念碑正中刻有萧克上将题写的“红军精神永存”六个大字。

（本文选自中国共产党新闻网）

小水战斗纪念碑

抗联战士血战天梯

文 / 秦振同

1938 年秋，从抗联一路军一师师长程斌投敌后，日军得意忘形。伪通化省警务厅厅长岸古隆一郎多次召见程斌研究讨伐杨靖宇的作战方案，妄想在今冬集中优势兵力，一举歼灭杨靖宇和抗联一路军。

由日军渡边部队和程斌讨伐大队组成的讨伐部队在山里跟着抗联的脚遛了已经走了八天了，可就是追不上。拖得这些日军和伪军走着走着就睡着了，头碰到树才醒来，一坐下就不想起来。可渡边、程斌还是一个命令接着一个命令：加紧追抗联。

这一天是杨靖宇带领抗联一路军警卫团、机枪连牵着敌人走的第九天了。天刚放亮，杨司令就让传令兵小王把黄团长和机枪连李连长找来商量阻击敌人的事。

“根据侦察报告，日军渡边部队和程斌讨伐队兵力五千多人，看来这股敌人是下了血本追我们，而我们一共还不到四百人，敌我兵力悬殊，司令部要尽快甩掉敌人，我们要选个好地方阻击一下敌人。”

听杨司令说，要杀敌人个回马枪，大伙儿都来精神了。这么多天战士们都觉得天天让日军撵着跑，怪窝囊的，应该狠狠地打一下日军的威风，让日军知道咱中国人不好惹，咱抗联更不好欺。

会上大伙儿都提出不少好招儿。最后，杨司令决定在松花江边的前甸子屯搞一次给养，之后过江爬天梯峰，机枪连在天梯顶上阻击敌人，掩护司令部甩掉敌人。

杨司令带领部队由青江岗直插前甸子屯，在屯子里筹了一些给养，大伙儿边走边吃，这么多天算是吃了一顿饱饭。

上午 9 时多，杨司令率领部队过江，来到天梯峰脚下。前甸子屯过江最高的山就是天梯峰，这山立陡立陡的，四周光秃秃的，足有百丈高。顺着山脊有十条人行小道，翻过山就是一个大平台子，一片连一片的原始森林，因这山陡峭险要，这一带的老百姓给这山起了个名字——天梯。

这天梯虽说险要，但上边的大平台

子里野兽多、山参多，沿松花江边的老百姓都乐意爬天梯到抚松境内的大平台子打猎、挖参。

天梯又陡又窄，开始战士们是弯着腰走，但没走几步，只有爬才能前进，手磨破了，衣服磨破了，手被冻得像刀割一样疼。越往上，气越不够用；风越大，不能直腰，一直腰就容易被风刮下山去。

足足用了半个多钟头，才爬到山顶。到了山顶，战士们有的坐着，有的躺着，喘着粗气。

“同志们，我们爬上天梯就能甩掉敌人了，趁敌人还没到，大伙儿抓紧休息、吃饭。”杨司令背靠一棵大树，一边喘着粗气，一边对大家说。

大伙儿还没歇上一袋烟的工夫，就听江面前甸子屯响起了枪声。过了好大一会儿，敌人才哩哩啦啦地出现在江面上。好大一会儿，到屯子里抢东西的日军和伪军才过江。

山下，程斌和渡边指指画画地说着什么。

接着敌人的轻重机枪对着山顶扫射起来。山崖被打得直冒火星，石块纷飞。但敌人是白浪费子弹，天梯顶上一点动静也没有。

渡边命令讨伐部队开始爬山。

敌人爬一会儿，停一会儿；停一会儿，再爬一会儿。费了一个多小时，先头部队才爬到半山腰。

天梯峰从山脚到半山腰都是黑压压的敌人，远看像一串蝗虫挂在天梯上。

隐蔽在树林里的机枪连的战士们，紧紧盯着敌人。等敌人快要爬到山顶迅速进入阵地，向敌人开火。

敌人的先头部队爬过半山就开始用机枪向山上扫射，看看没有动静，又开始往上爬。

敌人还有十几米就要爬上山顶了。

隐蔽在山顶的哨兵发出信号，李连长一挥手，战士们像离弦的箭一样，一下子冲入预定阵地。“叭叭”，李连长的指挥枪响了，接着十二挺机枪吐出火舌，步枪、手榴弹一齐向敌人开火。整个天梯摇撼着，有的敌人被打死，有的掉下山崖。在这又窄又陡的小道上，站都难，退更难。天梯上黑压压的敌人一下子被

抗联战士在密林中坚持抗战

抹去了一大半，剩下的不得不退下山去。

渡边一看硬攻是攻不上去的，他的指挥刀一挥："炮火的轰击，杨的死了死了的。"

敌人的几十门小炮都一齐摆开，准备开炮。

这十几分钟的战斗，让渡边和程斌吃了大亏。机枪连的战士们没有一人伤亡。李连长笑着对大伙儿说："敌人跟着咱屁股撵了那么多天，咱抗联是没打一枪，这回也该尝尝咱的厉害了。他野富昌德这老鬼子，再能耐也能耐不过咱杨司令。"

"咱杨司令这会儿可走远了，小鬼子连脚遛子也别想看着。咱的掩护任务也完成了，小鬼子这回咋不咋呼了。"

"这回小鬼子是碰着硬茬了，咱这是机枪连。"战士们你一言我一语，别提多开心了。

山下日军再也没有攻击，也没有枪声。李连长感到不对劲儿，马上命令："同志们，赶快撤出阵地，先到林子里待命。快！"

除了留下两名战士放哨外，其余战士都撤出了阵地。战士们刚撤出阵地，敌人的炮弹一个接一个地飞上山顶。阵地被炸出一个个坑，有的大树被炸得打了桦子，石头被炸得飞起老高。

"多亏咱李连长神机妙算，撤得快，不然咱就要吃大亏了！"战士们打心里服气。

"同志们，大伙儿隐蔽好，说不准小鬼子还要来飞机轰炸呢？"李连长边说，边到各排去了。

山下敌人在炮火的掩护下，开始悄悄地爬山。敌人组成了若干个攻击小组，每个攻击小组既有程斌讨伐大队的伪军，又有渡边部队的日军。一组十几个人，各小组都拉开一定距离。这次敌人爬山比第一次速度加快，没有喊声，没有嘈杂声，只有敌人的炮火声。

这时，远处已隐约听到飞机声，不大一会儿，敌机来了，一共是三架，敌机已飞过山顶了，在空中盘旋了一阵，扔下了几颗炸弹，飞走了。

阵地上已炸着了火，火正向战士们隐蔽的林子里蔓延，整个天梯峰全被烟火笼罩着。十步之内什么也看不清。

"叭叭！"突然两声枪响，两个哨兵已经来不及报告李连长了。

"敌人上来了，快过来打呀！"两个哨兵一边喊一边向敌人开火。

最先爬上来的两个日军当场被打倒。爬上山顶的敌人足有二十多人，他们就势依托着山顶上的一块石崖，用两挺机枪封锁着线路，机枪连的战士们无法进入阵地阻击敌人。后边的敌人还在往山上爬，情况万分紧急。

李连长组织了全连所有的机枪向扑上山顶的敌人压过去。一个机枪射手倒下去，又一个机枪射手冲上来。

这帮敌人被打下去后，接着又上

抗联战士战斗过的地方

来一帮。敌人一边射击一边往山上爬。

爬上来的敌人越来越多，敌人的火力也越来越猛。如果不在短时间内把敌人压下去，不但机枪连要陷入包围，更要紧的是掩护司令部安全转移的计划就要落空。

李连长打红了眼。他已经换了两挺机枪，子弹像雨点似的扫向敌人，几十枚手榴弹在敌群中开花。敌人的火力一下子被压下去了。

战斗在白山黑水间的东北抗联将士

“同志们，冲啊，把敌人赶下山去！”李连长一边喊，一边手端机枪；带领战士们一边扫射，一边冲向敌人。

爬上山顶的这部分敌人刚被机枪连战士们的火力压下去，接着又被一阵冲杀、扫射。敌人顾不得还击，纷纷往山下跑。

战士们冲入敌群和敌人拼起刺刀来，有的战士抱着敌人一起翻下山崖。一个战士肠子被打出来了，仍抓住敌人不放，直到流尽最后一滴血。

敌人被打到半山腰，山下的敌人又开始向山上打炮了。战士们还没来得及撤下去，阵地上到处响起“轰隆隆”的爆炸声，五位战士连同两挺机枪被敌人的炮弹炸飞了。山下的敌人停止了炮击，紧接着敌机贴着树梢又来炸了。战士们架起机枪向敌机扫射，敌机吓得飞走了。

李连长沉着冷静地指挥着机枪连的战士们，英勇阻击敌人。从上午9时多到下午3时，一共打退了敌人八次攻击，打死打伤三百多个敌人。机枪连只剩下二十三名战士。机枪子弹打光了，手榴弹用完了，刺刀拼弯了。整个天梯四周到处都是尸体。战士们的身上、脸上到处都是血。

“同志们，阻击敌人的任务我们已经完成了。司令部已经安全转移，现在趁敌人没有发起攻击，收拾一下准备撤退。”

李连长说完和战士们，一起把牺牲的战友的遗体一个个归拢，用几块倒木和树枝盖上。

看着这些朝夕相处的战友一个个倒下了，李连长流泪了，心里像刀绞一样疼。就是这些英勇顽强的战士们的牺牲，换来了司令部的安全转移。只要杨司令在，东北的抗日就有指望，东北的老百姓就有依靠。一想到这些，他心里亮堂多了。他要带领剩下的战士迅速撤离天梯峰，继续在长白山一带打游击。

李连长带领战士们离开天梯峰，又翻过两座大山，才听到天梯峰方向响起“轰轰”的炮声。枪声、炮声、敌机的轰炸声搅在一起。天梯峰的山顶燃起大火，火越烧越旺，整个天梯峰一片通红。

（本文选自《文史月刊》）

穿插，向敌人心脏

文/戴　蔚

石广志，1929年生于河北献县一个贫苦农民家庭，十六岁参加八路军，1989年离休前任六十八军副军长。

金城之战以打促和

1951年6月30日，经过中国人民志愿军五次大规模战役的沉重打击和迫于国内的反战压力，美国总统杜鲁门指使“联合国军”总司令李奇微通过新闻界向中朝军队作出了要求停战和谈的姿态。

1951年7月1日，彭德怀总司令和金日成首相回复了李奇微的声明，建议双方于7月10日至15日在“三八线”的开城地区举行和谈。

从此，朝鲜战争结束了大规模的运动战时期，双方在“三八线”上边打边谈，延续了两年之久。1953年6月8日，中美双方终于达成了“关于战俘遣返问题的协定”，向和平迈进了决定性的一步。但6月18日，南朝鲜的李承晚集团以就地释放为名，扣押了朝鲜人民军两万七千名战俘，并狂妄叫嚣“单独干”和“北进”，企图破坏朝鲜停战的实现。

在此形势下，中国人民志愿军为狠狠打击正面之敌，配合停战谈判，促进和平早日实现，并为达到停战后我方能控制有利阵地，便于今后长期斗争的长远目的，总司令部下达了在1953年7月13日发动金城反击战的作战命令。

当时，守敌是李承晚的王牌军——一支完全由美国装备的首都师一团。该团配有机甲团的一个营、四个炮兵营和大量的纵深炮兵和航空兵支援。为了炫耀武力，该团的武器装备和旗帜上都印着面目狰狞的白色虎头，所以又名“白虎团”。

为了全歼当面之敌，不使其溃逃，上级命令六〇九团二营在打开的突破口中迅速插入敌后，首先歼灭敌人炮兵群和“白虎团”团部；然后直插北亭岭、下榛岘、梨实洞和上枫洞地区，坚守阵地阻击增援之敌，以利于大部队发起总攻。

作战命令刚一下达到二营，全营将士顿时热血沸腾。请战书、决心书像雪片一样飞往营部。五连的理发员李德明生怕错过参加突击队的机会，连续两次咬破食指用鲜血写下了自己的决心书，并对连长说：“如果不批准，下次就把手指头剁下来写！”

时任二营营长的石广志多次召开会议，研究作战方案。在经过大量的实地侦察和论证后，营部部署了周密的作战计划：五连担任全营的第一尖刀连，插入敌后再由三里南直插上枫洞东南的421.2高地，断敌退路；四连为第二尖刀连，直插二青洞，在六〇七团“化袭班”的配合下，消灭“白虎团”团部和炮兵群，然后一举攻占下枫洞以南地区，占领400、380一线高地阻击增援之敌；六连为预备队，在营指挥所后跟进，随时支援四、五连作战。

穿插奇袭　直捣心脏

1953年7月13日，天空飘着蒙蒙细雨，雨雾笼罩着苍翠的青山，河水在山谷里缓缓流淌，数声鸟啼在幽静的山林中久久回荡。

就在这片美丽的白杨林里沟壑里，潜伏着六〇九团二营的六百多名战士。

天，渐渐地黑了。在泥水中浸泡了一天一夜的战士，手脚都肿胀了起来，但六百多双眼睛仍紧紧盯着漆黑的夜空，急切地等待着发起进攻的信号。

13日20时55分，我军阵地上突然万炮齐鸣，战斗打响了！随后，六〇九团担任“撕口子”任务的分队几下猛冲，就突破了敌军的前沿阵地。

14日0时4分，二营接到出击命

志愿军战士在朝鲜战场上奋力作战

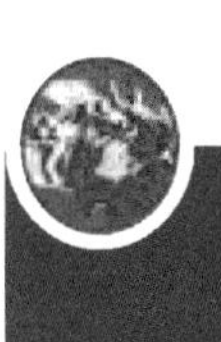

令。这支穿插部队立即按原先计划迅猛地向敌纵深插去。

刚冲下山坡，一条宽六百到一千米的开阔地便摆在二营面前。根据战前侦察，敌人在地面下布有雷阵，在地面上拉了三四道铁丝网，并由几个火力点封锁。虽经我军炮火摧毁，但危险依然存在。此刻，敌军阵地上的几个残余火力点正向我军疯狂扫射，敌纵深炮火也一阵接一阵地袭来。如不能迅速通过开阔地，穿插营将随时遭受重大伤亡。营长石广志临危不乱，立即命令四连分路前进。四连接令后立即排成几路前进，战士们挽起裤脚和袖管，用工具去触查地雷，很快就为全营蹚出了一条安全通道。

走在四连前面的是指导员王明柱和小战士向叔君。队伍刚蹚过一条小河，向叔君的鞋子就被粘掉了。上岸没走几步，他的右脚掌就被几根锋利的钢刺戳穿了，他用力拔出钢刺，脚掌顿时血流不止。指导员问他还能不能走，向叔君一咬牙站起来继续前行。

离开了开阔地，二营迅速接近了四一五公路，这里有敌人的一个警戒阵地。当靠近敌人时，营长石广志命令五连九班以突袭方式解决警戒之敌，掩护各分队插上公路。几分钟后，随着一阵急骤的冲锋枪扫射声和手榴弹爆炸声，九班传来了全歼守敌占领阵地的捷报。

雨，还在不紧不慢地下着。为了迷惑敌人，加快行军速度，各连战士反穿雨衣，沿公路两侧跑步急进。经过三南里，五连便转下公路，按预定方案向梨实洞插去。又前进了两千米，四连便发现迎面开来约一个连的敌军。起初，敌人并未觉察出是我军，为避免纠缠，四连故意装着不知仍旧向前穿插。就在敌我两个连队尾相交时，一些敌人起了疑心。这时，四连的小通信员郭志清迅速端起冲锋枪朝着敌人就是一阵猛扫。与此同时，四连一个排的枪也猛扫过去，当场歼敌大部，少数残敌乘着黑夜落荒而逃。

部队过了勇进桥，便接近了“白虎团”团部驻地二青洞。当营指挥所刚转上一个山包时，便发现公路上迎面开来几十辆敌人的增援汽车，足有一个营的兵力。“决不能放过他们！”副团长赵仁虎和营长石广志紧急商量了一下，立即命令营预备队六连出击。六连指导员郭树昌接令后立即带领三个班冲上去。当接近到距离汽车二百多米时，郭树昌立即命令：“七班断尾，八班斩腰，九班砍头。”说完后三个班就像三支离弦的箭，迅速抢占了有利地势。

就在九班班长要开火时，郭树昌忽然一把按住他，他发现了第三辆汽车后跟着一辆坦克，上面还搭着十几个步兵。“先干掉敌人的坦克！”郭树昌迅速抓起两颗反坦克手雷从一侧悄悄地抄过去，就在坦克开到离他只有两米的时候，他不顾手雷片的杀伤，突然跃起，瞅准坦克的履带和主动轮狠狠砸去。“轰”的一声巨响，坦克“瘫”了。与此同时，三个班几十支冲锋枪一起猛扫过去，手榴弹接二连三地在敌群中开花，仅十几分钟就歼敌大部。

此时，六〇七团的著名战斗英雄杨育才带领的由十二个人组成的“化袭班”已打入了二青洞的“白虎团”指挥部，当场击毙团长，活捉美军顾问。四连则趁势彻底捣毁了“白虎团”团部。

就在六连七班炸毁了敌人的增援车队翻下公路时，他们又遇上了美军的“三五”榴弹炮兵营一部。几十个美军正围着四门多管火箭炮发射。班长黄在渔迅速带领全班向前摸去。在摸到美军的阵地边时，发现四周都被铁丝网围着，网上挂满了地雷和照明雷，只有较远的地方有一条臭水沟通向网外。这时排长扛着一挺重机枪赶来，在重机枪的掩护下，黄在渔带着三名战士悄悄地从水沟中钻了过去。正当他们一步一步靠近敌人时，重机枪突然出了故障。就在我方火力减弱时，美军发现了他们。顿时，几十支卡宾枪疯狂地扫射过来，炮手降低炮口向他们发射空爆炸弹。战士马头保当场牺牲，战士张树勤和另一名战士腿部中弹伤势严重。黄在渔左肩中弹，鲜血直流，但黄在渔仍大呼：“同志们，坚决拿下炮阵地！”张树勤用左胳膊支地，用右手单臂举枪向敌人射击。黄在渔和另一名战士边射击边向敌人逼近，并狠狠地向敌人扔了几排手榴弹，敌人开始动摇了。他们趁机又是一阵猛扫，毙敌二十余名，夺取了四门美军当时最新式的多管火箭炮。

14日凌晨2时40分，二营这支穿插大军终于歼车队、捣炮群，一路打杀插入敌纵深十几公里，按时到达了最后的阻击位置梨实洞和上枫洞公路的三岔路口。

阵地阻击　异常惨烈

由于连续作战，部队伤亡较大。而此时四周的山头还都在敌人的控制中。如不能立即占领山头巩固阵地，天明就会处在敌人的包围之中。副团长赵仁虎和营长石广志审时度势，马上把四、六连成一线展开，分别占领了公路左侧的400、380及周围高地，并连夜抢修工事，准备抗击敌人的反扑。

14日凌晨5时许，天空中正飘着蒙蒙细雨。四连的前方哨探发现了从前线溃逃下来的大股敌军。为歼灭该敌，四连立即派副排长夏长兴带领十三名战士主动迎击。战士张启端着机枪，第一个冲上公路，向溃敌猛扫。突然一颗手榴弹在他身旁爆炸，他的左臂被炸断，人也昏死过去。剧烈的爆炸声很快把他震醒，他咬紧牙关站起来，单臂夹紧机枪继续向敌群猛扫。与此同时，敌人约两个团的兵力在二十多辆坦克的掩护下，开始向四、五、六连三个阵地发起了猛烈进攻，但每一次都被击退。

14日凌晨7时左右，敌人又调来十几架飞机对山头阵地狂轰滥炸，凝固汽油弹把山头烧成一片火海。山下的二十多辆坦克再次鼓噪而进，对我军刚抢修起的工事进行地毯式轰炸。二营背后月锋山和四周高地上的敌人，集中了所有的高射机枪、重机枪和迫击炮向我方阵地倾泻过来。二营将士跳弹坑、钻火障，毛发和衣服都被烧焦了，但依然坚守在阵地上。

为了巩固前沿阵地，营长石广志和教导员贾万春分别来到当时战况吃紧的四、六连阵地。左前方二排阵地只剩下十三名伤员，连长陆金锁和二排长已相继牺牲。由副排长夏长兴带领的四、五班的十三名战士在与近一个营的敌人决战后全部阵亡。敌人已攻到半山腰，并修筑工事，架起机枪向我军扫射，成了我军的“眼中钉”。这时，二班战士黄云成胸前挂着几个大手雷，吊着负伤的左臂主动请战。在全连火力掩护下，黄云成边投弹边扫射，硬是把二十多个敌人赶下了山。

敌人不甘心败亡的命运，不一会又纠集了约一个营的兵力，在十几辆坦克的掩护下分几路向四连的二、三排阵地发起猛攻。三机班班长郑玉成在机枪子弹打完后，毅然拉响了爆破筒冲向敌群。独臂英雄黄云成一会投弹，一会举枪射击，当把左面的敌人打退时，右面的敌人已蜂拥而至，在这万分危急的时刻，黄云成当即拉响了两颗手雷，滚进敌群。

黄昏时，五连阵地上打得也是空前惨烈。在422.2高地上坚守的机枪手打光了全部子弹，并相继阵亡，最后只剩下身负三处重伤的理发员李德明。在敌人端着刺刀冲上来时，李德明冲上去死死地搂住一个敌人，一起滚下山崖。此时，五连的援兵及时赶到，经过浴血奋战，阵地又转危为安。

二营插入敌纵深十几公里，坚守阵地一整天，打退敌人上百次进攻，歼敌一千五百多名，缴获各种火炮三十一门、汽车四十多辆、枪支三百余支。把前方溃逃的敌人死死地阻在阵地前，为我军全歼敌人作出了重大贡献。在战役结束后，六〇九团二营被授予“一等功臣营”，四连荣立特等功，许多人被评为战斗英雄。

金城之战，我军共歼敌五万三千余人，打退了敌军一千多次反攻，有力地配合了正面谈判。1953年7月27日，中朝与美方在板门店正式签署《朝鲜停战协定》。

（本文选自中国军网）

金日成在《朝鲜停战协定》上正式签字

一眼爱民井

文 / 夏明友

1947年的春天，中央后方委员会驻在山西省临县双塔村。担任后方委员会书记的叶剑英，虽工作繁忙，但仍时常抽空深入群众，同老乡谈心聊天，了解他们的生产、生活情况。为了便于接近群众，出生于广东省、南方口音比较重的叶剑英，还处处留心，学了不少当地的乡土话。

叶剑英

一天清晨，叶剑英正在村头散步，忽然发现出村挑水的老乡，不分男女，都拿着一个瓢，感到很奇怪。为探个究竟，他跟随挑水的老乡来到挑水的地方——石老梁山涧。叶剑英来到山涧上，看到挑水的人排起了长队等候，山涧下的泉水很小，流水很细微，只能供一个人半瓢半瓢地往桶里舀那少得可怜的泉水。叶剑英上前打听，方知这里每天都是这个样子，一个人舀一担水需要十几分钟，致使挑水的人要排很长时间，才能轮到自己去舀水。乡亲们为了挑一担水，往往要等到深夜。见乡亲们饮水这么困难，叶剑英陷入了沉思。

回到驻地，叶剑英马上对机关工作人员说："我们是人民的子弟兵，应该为老百姓排忧解难。快把从陕西调来打防空洞的石匠们组织起来，帮助老百姓打眼深水井，解决他们的饮水困难。"

石匠们被召集起来，打井工程很快开了工。叶剑英尽管工作繁忙，还是每天都利用早晚时间，赶到打井现场，看望打井的同志，了解打井的进度，鼓励大家加油干。有时，他还挽起袖子和大家一起搬石头，争着干力所能及的活儿。同志们怕他累坏了，劝他不要动手。

打井的同志干劲很大，几天工夫，一口水井就打成了。从此，乡亲们挑水不再用瓢舀了，也不再去爬石阶、排长队了。大家交口称赞："解放军为老百姓办了件大好事。"

（本文选自《解放军报》）

母亲与八路军的故事

文 / 张志芬

我的家乡是诸城西乡普庆村。抗日战争全面爆发后，日军占领了诸城，烧杀抢掠，无恶不作。汉奸队伍张步云部更是助纣为虐，与日军一起，欺压百姓，到处打击搜捕八路军。我家里当时一共八口人（我们姐弟四个、父母亲、奶奶和姑姑），生活极度艰难，经常吃野菜和树叶果腹。

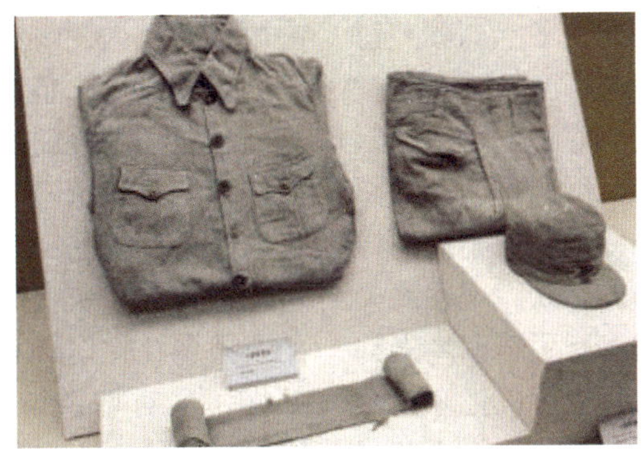

八路军军装

父亲是个教书先生，学校解散后回乡务农。在抗日烽火中，父老乡亲由于对日军的仇恨，母唤儿上战场，妻送郎打东洋！我母亲不惧生活艰难，毅然支持父亲参加了八路军。后来父亲被部队选送到抗日军政大学山东分校干部班学习。

父亲参军后，家中生活的重担压在了裹着小脚的母亲身上。

1944年秋，家乡的高粱收割了。一天中午，天气特别炎热，正是人们称为"秋老虎"的天儿，左邻右舍大都在家歇凉，但是母亲没这个福气。她要趁这个空当儿去家里的高粱地里摘爬豆。母亲提着篮子走到村口，碰上张步云部的三个"皇协军"士兵巡逻。他们拦住母亲盘问了一会儿就放行了。

我家高粱地南头有一条小溪，溪水长年不断地潺潺流着，当地人称它为北沟。这时原野静悄悄的，收割后的高粱穗子都被运回家，高粱秸刨倒后，捆扎起来堆在原野上，远看就像一间间井然有序的小房子。高粱地里剩下一簇簇茂盛的爬豆。母亲来到我家地头的北沟边上，猛然间看见一个穿着军装的浑身是血的男人趴在沟边喝水。他右手握着一把盒子枪，脖子上挂着一副望远镜。母亲从这个人的衣着上看出他和自己的丈夫是一样的身份——八路军。这时那个男人也看见了母亲，用警惕的眼光打量着她。母亲走到他跟前，轻声说："同志，别害怕，我丈夫也是八路军。看来你受伤了，过一会儿人们下地干活，人多了，你就危险了。我先把你扶到我家的秫秸团里，藏起来再说。"他犹豫了一下，无奈地点了点头。母亲蹲下身，费尽九牛二虎之力才把他扶起来，半扶半拖地走到地中间的秫秸团里。炎炎烈日下，一个小脚女人，该如何继续后面的事情呢？母亲可能根本没有想那么多，她把秫秸团整理得更加严密后，细心地把周围的血迹都遮盖掉，捡了几把爬豆就匆匆回家了。

母亲回到家把我拉到天井里，悄悄地对我讲了事情的经过。那年我十四岁，因父亲不在家，我成了母亲的左膀右臂。母亲镇定自若地准备了点高粱煎饼和两个咸菜疙瘩，从被子上扯下一条被单和一团棉絮，又从锅底下刮了一包锅底灰。可是准备好东西后，母亲又犯愁了，怎么送呢？看着母亲愁眉不展的样子，我灵机一动，告诉母亲，现在高粱收完了，开始往地里运肥了，家乡人都用毛驴和驮筐运肥，我们可以把东西藏在驮筐的粪肥里面。母亲高兴得直夸我家出了“女诸葛”。准备好后，我和母亲就上路了，我牵着驴子走在前面，母亲右手挎着空篮子，左手提着一个盛开水的泥罐跟在驴后面。我心里紧张得要命，但是一回头看见母亲淡淡的微笑，立刻又平静下来——有母亲在，我什么也不怕了！

我和母亲赶着毛驴来到高粱地的秫秸团前，把驮筐从驴上掀下来，把筐里的包裹拿起，瞅瞅四下无人，迅速钻入秫秸团内。借着外面射进的微弱光线，我看见一个体格粗壮的人，穿着土黄色八路军军装，面色苍白，躺在高粱叶子上，已经昏睡过去。他一定就是那位八路军叔叔了。母亲从泥罐中倒出一些水，慢慢喂进叔叔的口中，又轻轻地唤着：“同志，醒醒，我给你带吃的来了。”叔叔慢慢睁开眼睛，打量了一下我和母亲，眼角流下一串眼泪，嘴巴张了几下，好像要说感谢的话。母亲说：“别见外，我们是一家人，我丈夫也是八路军。现在不是说话的时候，你先吃点饭喝点水，我替你包扎伤口。”母亲又转过身来对我说：“志芬，你赶紧把驮筐的肥倒掉，在外面假装放驴，如果有人朝这走来，你就大声喊‘娘这里有条长虫’。我好做准备。”我在秫秸团外一边牵着毛驴吃草，一边用眼睛扫视着周围，也时不时地瞟一眼秫秸团内，听里面说话。我看见叔叔吃了煎饼后，精神恢复了一些。母亲把叔叔受伤的左腿裤脚用剪刀剪下，然后用棉花蘸盐水轻轻在伤口处擦洗。一遍遍擦洗干净后，把锅底灰撒在伤口上，再把棉花放在灰上面，用从被单上扯下的布条包扎在伤口上。叔叔似乎精气神好多了，对母亲说：“大嫂，我是八路军老六团的。这次我带着十多名战士掩护大部队转移，完成任务后，敌人三百多人冲上来，把我们冲散了。我在途中被鬼子打伤了，才逃到这里。”母亲说：“同志，现在情况挺危急，鬼子汉奸到处抓人。我们这一带，白天敌人来骚扰，晚上回据点。这里比村里更安全些！你白天在这养伤，晚上我给你送吃的喝的。你千万不要出来。白天我会让大女儿志芬在地里摘爬豆，如有情况她会喊‘这里有一条大长虫’，你做好准备以

八路军的臂章

防万一。你伤口化脓了，我明天想办法给你找点药来，要不就坏了。”叔叔说：“大嫂，你和孩子一定要躲避好，不用太惦记我，我这枪里还有六发子弹，我已经杀死十三个鬼子了，如果有什么情况，临死我也抓几个垫背的，我死也赚了。”

太阳快落山时，母亲才和我赶着毛驴回家。

第二天一早，母亲到谭家庄舅舅家去了。走了十几里地才到舅舅家，小脚上全是血泡。舅舅是个卖烧纸香烛的小生意人，也是食不果腹。母亲对舅舅说：“三哥，孩子病了，大夫看了要买药，我实在没办法，才向你张口借钱给孩子抓药。”舅舅虽穷也难耐兄妹之情，勉强凑了点钱给母亲。母亲到药房买了三贴膏药。太阳快落山时，才疲惫不堪地回到家。吃过晚饭，母亲悄悄对我说：“今晚咱们两个假装叫魂，给叔叔送药送饭去。”在我们家乡有个旧俗，家里如果有人吓着了病了，就找个人提着水拿着干粮到路上叫病人的名字，呼唤“灵魂”回家。我和母亲准备好就出发了，还好，路上没有碰见什么情况。到了叔叔住的秫秸团里，母亲从怀里掏出火镰火石和火纸，轻轻打着火，用口一吹火纸，火纸就着火了，发出微弱的亮光。母亲让我拿着火纸照明，自己麻利地给叔叔清洗伤口，然后把买来的膏药贴在伤口上。换完药，母亲抱歉地对叔叔说：“家里让汉奸折腾穷了，只剩下这点高粱，你对付着吃口吧。”叔叔说：“大嫂，这已经很难为你了。我不是不识数的孩子。”夜很深了，我和母亲才回到家里。自此，我每天白天在地里放哨，晚上和母亲给叔叔送饭送药。七天后的一个晚上，我和母亲又给叔叔送饭，叔叔的伤已经好得差不多了。叔叔吃完饭后对母亲说：“大嫂，我是莒南人，叫刘长功，我的伤差不多好了，今晚要找部队去。枪我带着，这副望远镜和这件军上衣你带回去吧！望远镜带在身上不方便，容易暴露目标。大恩不言谢，只要我刘长功不被日本鬼子打死，我会回来找您的。那时，我再把望远镜带走。”母亲说：“你能走就走吧，这个地方很危险。你的东西我一定保管好，等你回来。我最后想托你办件事。我孩子她爷叫张润生，在抗大分校工作，有机会你能打听到他，替我和孩子问候他，让他别惦记家，多杀鬼子。”

叔叔对着我和母亲敬了一个军礼，穿着我父亲留在家里的衣服，踏着夜幕走了。

母亲把叔叔留下的望远镜放到一个坛子里，在院子里挖了一个坑埋了；军装藏在我住的房间的炕洞里了，因为我住的房间不到冬天一般不烧火。母亲知道这些东西如果藏不好会招来杀身之祸……

抗日战争胜利了，也没有等到刘叔叔。在一个冬天到来时，不知情的奶奶怕我睡凉炕生病，趁我和母亲不在家时烧炕，那件军装被化为了灰烬。母亲只能在心里难过。

解放战争时，我们一家投入了战争，大弟弟张平是普庆村儿童团团长，我参加了民兵。母亲做了很多拥军工作：做军鞋、参加妇女运军粮等。

（本文选自诸城故事网）

在杨家岭辞旧迎新

口述/延　根　整理/于　洋

1943—1946年，凡小学放假，我都回母亲在杨家岭机关的家居住，每逢元旦都能见到中央领导们互相拜年，并一同去给毛主席拜年。那时我年纪小，很好奇，放假没事就跑出去玩。由于杨家岭的窑洞是一层层挖出来的，我在山坡下路边玩耍，很容易看到中央首长们拜年的情景。陈云时任中央组织部部长，通常由他先带领中央组织部的领导同志出来拜年。中央组织部位于杨家岭沟口北山坡向阳的山腰间，他们从沟西口北侧开始沿山坡小路由西向东走，途经中宣部领导徐老等人的住所，经过聂荣臻、刘伯承、杨秀峰等领导住的窑洞（他们回延安准备参加1945年4月23日召开的党的七大），再往东至杨尚昆、王若飞的住处，下坡至王首道、任弼时住的窑洞（毛主席搬去枣园前的住处），最后拐一个弯向东按顺序到李富春、蔡畅、周恩来、邓颖超、贺龙、刘少奇、董老、吴老等领导住的窑洞（当时是一排外表用石头新砌的窑洞）。每到一个窑洞前，主人必出来迎接，宾客互相拜年，然后窑洞主人跟随人群一同折返，向毛主席住地走去。参加拜年的队伍一开始只有三五个人，边走边聚，中午有约三十位同志聚在一起。人们知道毛主席习惯夜里工作，上午可能还在休息，此时给毛主席拜年最为合适。中央领导们给毛主席拜年，毛主席也向大家拜年，气氛十分热烈，场面甚为壮观。当时如无特殊原因，凡在杨家岭的中央委员及中央各大部门的负责人均参加拜年活动。

等到春节的时候，杨家岭就更加热闹了。延安各机关、学校及留守部队都到杨家岭给党中央领导拜年。中央办公楼西侧有个院子，比篮球场略大，那里便成为各单位给中央领导拜年时的“专用场地”。每个单位的秧歌队都表演五六个节目。拜年活动从正月初一持续到正月十五，全天都有，有时上午还不止一个单位，锣鼓喧天，异常热闹。其中最受人们欢迎的是鲁艺的队伍，他们也是各单位学习、模仿的榜样。鲁艺的秧歌队艺术水准最高，《夫妻识字》《兄妹开荒》和《牛永贵挂彩》等都是鲁艺的经典剧目。由于看的次数很多，直到现在，《兄妹开荒》的词曲我还记得很清楚。高

杨家岭旧址

跷队演出中，三五九旅秧歌队表演得最惊险、花样也最多，给人印象最深——他们能够踩着高跷“啪”地把腿横劈下去，然后又立刻像弹簧一样“唰”地直立起来，十分灵活，这个动作总能博得热烈的掌声和喝彩。在这些秧歌队中，农民群众的秧歌队尤其受中央领导的喜爱。

每逢此刻，中央领导同志们必观看各单位的节目，接见各单位来拜年的同志，与民同乐。领导同志中，李富春、杨尚昆先后担任中央办公厅主任，出席次数最多；周恩来同志只要回到延安，就会抽空出席；毛主席曾接见过边区劳动英雄带领的南区农民秧歌队。有一次看秧歌表演时，我在路上遇见了周恩来同志。我激动地向他行了个礼，他和蔼地微笑着点头示意。

我们学校（八路军干部子弟小学，后改名为“八路军抗日军人子弟小学”，简称“抗小”）也组织过秧歌队给中央拜过年，我作为成员（参加乐队，拉胡琴）之一，对当年的情景记忆犹新。我们有一个反映大生产丰收后的小节目，大意是比贡献。由四位同学——谢克宁、欧阳天娜、黄义先、任克等分别扮演黄玉米、白棉花、谷子（小米）、土豆等几种农作物。他们边说边唱，各自表白自己如何受到人们的重视、喜爱，颇有情趣，赢得不少笑声与掌声。

黄义先个子较矮，很有表演才能。他唱的音最准，表情到位，杨家岭机关不少人都熟悉他。黄义先是黄立贵烈士的儿子，李富春、蔡畅两位前辈把照顾他及项英的子女等四名同学的责任担当起来。逢年过节时，必把他们接回来，视为自己的子女加以关照。

那次我们小学生给中央领导拜年后，杨尚昆主任不仅发表讲话鼓励大家，并要求同学们一定要好好学习。他还款待我们在杨家岭食堂吃了顿“二米饭”（大米和小米混合蒸的米饭）。在延安，大米实在太稀罕了，只是大生产运动以后三五九旅在南泥湾开垦了一些低洼地，有了稻田之后才有了极珍贵的白米。在当时，平时吃的都是小米饭，顶多一周吃两次白面馒头改善伙食。最奢

“鲁艺”演出秧歌剧《兄妹开荒》。表演者：王大化、李波（1943 年）

延安枣园

侈的就是吃顿“二米饭”，并戏称为“金银米饭”，外加猪肉粉条，我们小学生秧歌队那顿饭实在是享受到“最高级别待遇”了。

拜年讲究有来有往，农民群众向党中央拜年后，李富春、陈毅等首长也曾代表党中央向杨家岭后山村群众回拜，并同村干部、每户一名群众代表一起吃团圆饭。由于我的继父王仲珊当时是民运代表，负责杨家岭机关和当地群众联系，因此我有机会跟他参加过一次这样的活动。团圆饭一般会摆十几桌，除了有群众自家做的菜、黄米糕和白馍以外，还有白酒和米酒。领导同志与大家有说有笑，其中尤以陈毅特别风趣幽默，善于开玩笑、拉家常，他摸摸孩子们通红的脸蛋，拍拍青年们的肩膀……他们代表毛主席感谢杨家岭的乡亲们把前沟口让出来给中央机关办公，用行动支持党中央的工作，并且鼓励大家响应毛主席的号召，争取做到“耕三余一”，以备荒年。团圆饭上中央首长和老百姓情同手足，其乐融融。

这样，这种辞旧迎新活动在延安越搞越好。在抗日战争极其艰苦的年代，陕甘宁边区的军民却是精神饱满，士气高昂。因为，他们对党中央、对毛主席充满着信任和崇敬，对前途、胜利满怀着信心。

1945 年 8 月，日本投降了，抗日战争终于胜利了。在局势大变化之时，按照党中央的部署，许多中央领导及大批干部奔赴华北、华东、东北等地。他们领导各解放区的军队收复失地。因而，1946 年的新年及春节期间，中央首长们互相拜年的人数大为减少。然而，各个解放区的人民军队正不畏任何险阻，同人民群众一起英勇战斗。

（本文选自《纵横》）